Mon cahier de vacances

nouvelle
édition

Mon cahier de vacances

en route vers la 2e année

Huguette Dénommée

Illustrations : Tictac graphique ; Caroline Delage et Julie Nadon
Conception de la couverture : Bruno Paradis
Illustrations de la couverture : Shutterstock
Mise en pages : Interscript
Révision : Jacinthe Boivin-Moffet
Correction d'épreuves : Audrey Faille
Activités supplémentaires : Cynthia Cloutier-Marenger

Imprimé au Canada

ISBN : 978-2-89642-591-4
Dépôt légal – Bibliothèque et Archives nationales du Québec, 2012
© 2012 Éditions Caractère
2ᵉ impression, mai 2013

Nous reconnaissons l'aide financière du gouvernement du Canada par l'entremise
du Fonds du livre du Canada (FLC) pour nos activités d'édition.

Canada

Visitez le site des Éditions Caractère
editionscaractere.com

Mot aux parents

Ce cahier d'activités amusant a été conçu afin de divertir votre enfant pendant la période des vacances tout en lui permettant d'exercer les connaissances acquises durant l'année scolaire.

Mon cahier de vacances – En route vers la 2e année survole en effet les différentes matières enseignées en 1re année, et ce, sous la forme de jeux, de bricolage, de comptines, d'exercices de mathématique, de français et d'anglais.

Des petits icônes en forme d'oreille permettent à l'enfant de reconnaître le son des mots et ainsi favoriser son apprentissage de la lecture.

Votre enfant n'est pas obligé de faire les exercices dans l'ordre, il peut faire un peu d'anglais, quelques pages de mathématique, s'amuser à faire les expériences ou encore faire du français en premier. Libre à lui de choisir ce qu'il veut faire. Vous pourrez toujours l'inciter à faire certaines pages plus tard. L'important est qu'il prenne plaisir à travailler.

Un enfant qui continue à apprendre et à lire durant l'été sera en mesure d'attaquer du bon pied la nouvelle année scolaire à l'automne.

Nous vous souhaitons d'excellentes vacances en compagnie de votre enfant.

Le dictionnaire des sons

Ce dictionnaire t'aidera à mieux lire seul les consignes.

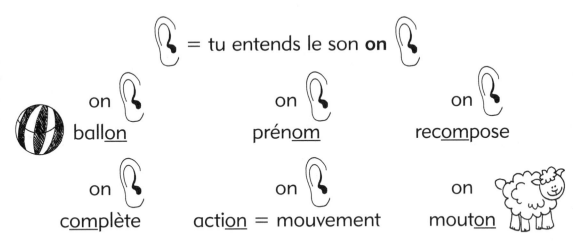

on = tu entends le son **on**

on — ball**on**

on — prén**om**

on — rec**om**pose

on — c**om**plète

on — acti**on** = mouvement

on — mout**on**

Lis les syllabes suivantes.

bon con	lon mon
don fon	non pon
gon jon	ron son
	ton von

Encercle tous les « on » dans les mots suivants.

| Léon | mouton | savon | melon | poumon | montre |
| pont | talon | jambon | raconte | non | oncle |

Écris les lettres pour former le son « on ».

on   on   on   on   on   on

Le dictionnaire des sons

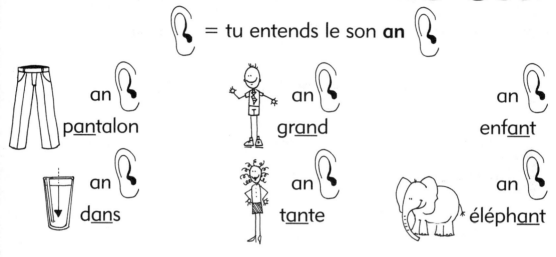

= tu entends le son **an**

an — p<u>an</u>talon

an — gr<u>an</u>d

an — enf<u>an</u>t

an — d<u>an</u>s

an — t<u>an</u>te

an — éléph<u>an</u>t

Lis les syllabes suivantes.

ban can   lan man
dan fan   nan pan
gan jan   ran san
         tan van

Encercle tous les « an » dans les mots suivants.

fanfare   éléphant   enfant   tante   mante   maman

pantalon   élégante   pesant   élan   sangle   vacances

Écris les lettres pour former le son « an ».

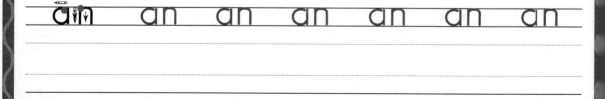

an   an   an   an   an   an   an

Le dictionnaire des sons

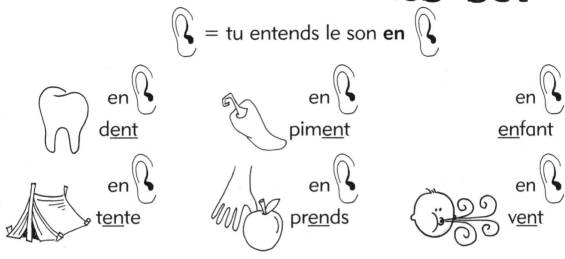

= tu entends le son **en**

d<u>en</u>t

pim<u>en</u>t

<u>en</u>fant

t<u>en</u>te

pr<u>en</u>ds

v<u>en</u>t

Lis les syllabes suivantes.

ben cen
den fen
gen jen

len men
nen pen
ren sen
ten ven

Encercle tous les « en » dans les mots suivants.

vraiment entendre lentement entrer moment lendemain
envoyer tellement comprendre lente rapidement enfant

Écris les lettres pour former le son « en ».

en   en   en   en   en   en   en

Le dictionnaire des sons

 = tu entends le son **in**

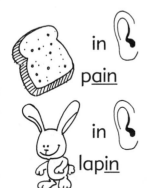 in
p<u>ain</u>

in
comb<u>ien</u>

in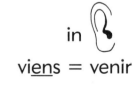
vi<u>en</u>s = venir

in
lap<u>in</u>

 in
pat<u>in</u>

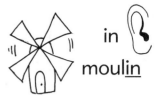 in
moul<u>in</u>

Lis les syllabes suivantes.

bi cin di   nin pi rin
fi gin jin sin tin vin
lin min

Encercle tous les « in » dans les mots suivants.

serin   matin   sapin   pantin   marin   lutin

infini   pin   vin   cousin   jardin   gingembre

Écris les lettres pour former le son « in ».

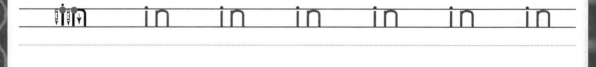

in   in   in   in   in   in

Le dictionnaire des sons

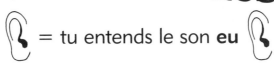 = tu entends le son **eu**

eu

<u>jeu</u>

eu

qu<u>eu</u>e

eu

caus<u>eu</u>se

Lis les syllabes suivantes.

beu	ceu	leu	meu
deu	feu	neu	peu
geu	jeu	reu	seu
		teu	veu

Encercle tous les « eu » dans les mots suivants.

heureux   ceux   peut   creux   heureuse   joyeux

pleuvoir   pneu   amoureuse   causeuse   feu   peureux

Écris les lettres pour former le son « eu ».

eu   eu   eu   eu   eu   eu   eu

Le dictionnaire des sons

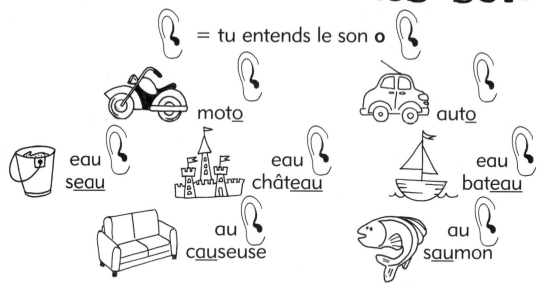

= tu entends le son **o**

moto

auto

eau
s<u>eau</u>

eau
chât<u>eau</u>

eau
bat<u>eau</u>

au
c<u>au</u>seuse

au
s<u>au</u>mon

Encercle tous les « o », « au » et « eau » dans les mots suivants.

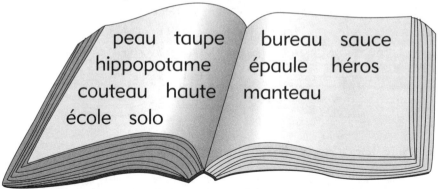

peau   taupe   bureau   sauce

hippopotame   épaule   héros

couteau   haute   manteau

école   solo

Écris les lettres pour former le son « o ».

au   au   au   au   au   au   au

eau   eau   eau   eau   eau   eau

o   o   o   o   o   o   o   o   o

Qui es-tu ?

on 👂 on 👂 è 👂 an 👂

Fais<u>on</u>s <u>conn</u>ai<u>ss</u><u>an</u>ce.

Ton nom de famille : _____

Ton prénom : _____

Ton âge : _____

Ton adresse : _____

Colle ta photo

Le prénom de ta ou de tes sœurs : _____

Le prénom de ton ou de tes frères : _____

Dessine ton animal préféré.

Bonnes vacances !

C'est l'été

è C'est l'été. Le soleil **è** s'est levé à l'**ès** Est.

Une magnifique journée! Le ciel est bleu

eu et deux petits nuages blancs s'y reposent.

Les arbres sont remplis d'un beau **o** feuillage

vert foncé.

J'ai hâte de découvrir **ou** toutes les merveilles

que l'été va m'offrir.

Regarde bien les mots qui ont un zigzag et écris-les ici.

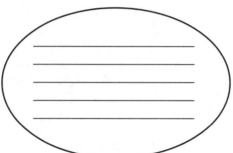

Le message secret

Sers-toi du code secret pour décoder les messages.

a	b	c	d	e	f	g	h	i	j	k	l	m
1	2	3	4	5	6	7	8	9	10	11	12	13
n	o	p	q	r	s	t	u	v	w	x	y	z
14	15	16	17	18	19	20	21	22	23	24	25	26

a)

10	5		20	5		6	5	12	9	3	9	20	5

!

b)

2	15	14	14	5	19		22	1	3	1	14	3	5	19

c)

14	21	1	7	5

d)

19	15	12	5	9	12

e)

2	1	12	12	15	14

f)

19	1	2	12	5

g)

18	5	16	15	19

h)

22	15	25	1	7	5

i)

16	9	19	3	9	14	5

j)

2	1	9	7	14	1	4	5

k)

3	8	1	12	5	21	18

l)

3	15	17	21	9	12	12	1	7	5

Reproduction interdite @ Éditions Caractère Inc.

15

L'arbre à syllabes

Forme des mots avec les syllabes écrites sur les feuilles.

Inspire-toi de l'été.

_____ _____
_____ _____
_____ _____
_____ _____

Les jeux de ballon

Le ballon musical

Se placer en rond avec un ballon. Passer le ballon à son voisin en chantant :

« Le ballon qui se promène,
passe, passe, passera.

Le voici trilili.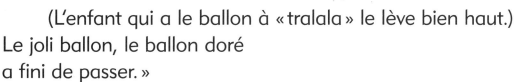
(L'enfant qui a le ballon à « trilili » le lève bien haut.)

Le voilà tralala.
(L'enfant qui a le ballon à « tralala » le lève bien haut.)
Le joli ballon, le ballon doré
a fini de passer. »

1. Écris les rimes que tu entends.

_____

_____

_____

Le ballon se promène avec les lettres.

2. Reproduis selon la consigne.

a) Trace un ballon <u>en haut</u> et <u>après</u> la barre : | apa

b) Trace un ballon <u>en haut</u> et <u>avant</u> la barre : | uébec

c) Trace un ballon <u>en bas</u> et <u>avant</u> la barre : | anse

d) Trace un ballon <u>en bas</u> et <u>après</u> la barre : | ébé

Féminin ou masculin?

Ajoute *le* ou *la* devant les mots.

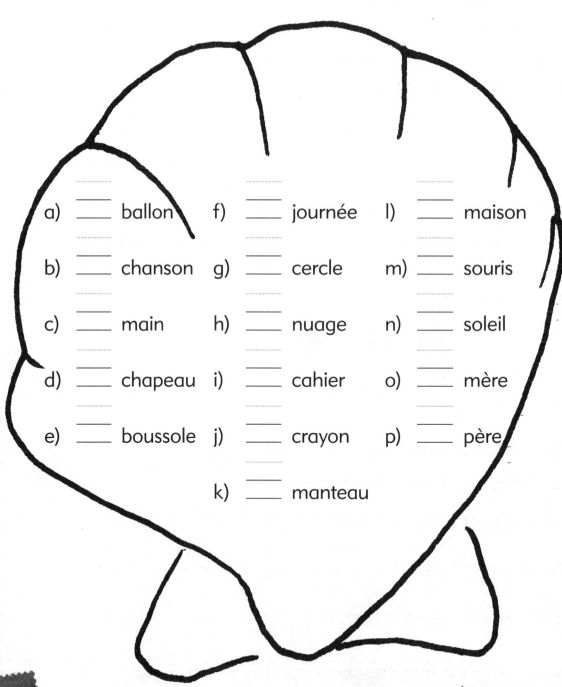

a) ___ ballon

b) ___ chanson

c) ___ main

d) ___ chapeau

e) ___ boussole

f) ___ journée

g) ___ cercle

h) ___ nuage

i) ___ cahier

j) ___ crayon

k) ___ manteau

l) ___ maison

m) ___ souris

n) ___ soleil

o) ___ mère

p) ___ père

Relier et trouver des mots

1. Chaque mot de gauche a un lien avec un mot de droite.
Relie-les par un trait.

Exemple : tasse

verre
craie
Lune
citron
cuiller
Soleil
tableau
couteau
presse-jus
mélangeur
fraise

2. Complète les phrases avec les mots qui se trouvent dans le coffre.

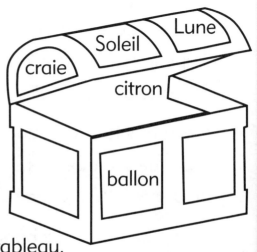

a) Le _____ se lève à l'Est.

b) La _____ est pleine.

c) Le _____ roule au sol.

d) Le _____ est un fruit.

e) La _____ est à côté du tableau.

Fais un moulin à vent

Savais-tu que le vent est une source d'énergie ? Il est si fort qu'il peut faire bouger des objets ! Découvre-le avec ton propre moulin à vent.

Matériel :

– 1 feuille de papier construction carrée

– 1 bâton en bois (long et mince)

– 1 règle

– 1 attache parisienne

– 1 crayon

– 1 paire de ciseaux

Consignes :

1. Sur ta feuille, dessine un X avec ta règle. Chaque ligne du X doit aller d'un coin à l'autre de la feuille (en diagonale).

2. Dessine un point où les deux lignes se rencontrent (au milieu). Tu as maintenant quatre courtes lignes.

3. Fais un trait à la moitié de chaque courte ligne. Ensuite, coupe la feuille jusqu'au trait, en partant de chaque coin. Ta feuille devrait avoir huit pointes maintenant.

4. Replie vers le centre une pointe de la feuille sur deux sans laisser de marque de pli. Pique les quatre pointes sur la baguette de bois avec l'attache parisienne.

5. Plante ton moulin dehors et regarde-le tourner !

Le calendrier d'été

L'été commence le 21 juin et se termine le 21 septembre.

1. Colorie en jaune les jours d'été.

Juin						
D	L	M	M	J	V	S
1	2	3	4	5	6	7
8	9	10	11	12	13	14
15	16	17	18	19	20	21
22	23	24	25	26	27	28
29	30					

Juillet						
D	L	M	M	J	V	S
		1	2	3	4	5
6	7	8	9	10	11	12
13	14	15	16	17	18	19
20	21	22	23	24	25	26
27	28	29	30	31		

Août						
D	L	M	M	J	V	S
					1	2
3	4	5	6	7	8	9
10	11	12	13	14	15	16
17	18	19	20	21	22	23
24	25	26	27	28	29	30
31						

Septembre						
D	L	M	M	J	V	S
	1	2	3	4	5	6
7	8	9	10	11	12	13
14	15	16	17	18	19	20
21	22	23	24	25	26	27
28	29	30				

2. Combien de jours y a-t-il dans une saison ? _____

3. Encercle la date à laquelle les classes se sont terminées.

4. Complète le nom des autres saisons.

a) autom __ e   b) hi __ er   c) pri __ temps

La température

Prononce chaque syllabe soulignée.

Ex : <u>Au</u> <u>jour</u> <u>d'hui</u> (syllabes)

Écris la date :

mois	jour	année

o    ui

a) <u>Au</u> <u>jour</u> <u>d'hui</u>

b) <u>Écris</u> la <u>température</u> qu'il fait <u>au</u> <u>jour</u> <u>d'hui.</u>

<u>pluvieux</u>

<u>nuageux</u>

<u>ensoleillé</u>

_____   _____   _____
_____   _____   _____

o

c) Est-ce qu'il fait chaud ou un peu froid ?

d) Colorie en rouge le thermomètre qui indique la température qu'il peut faire en été et en bleu celui qui indique la température qu'il peut faire en hiver.

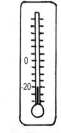 

Chantons, jouons

Mémorise la comptine suivante.

Crème glacée

limonade sucrée

Dis-moi le nom

de ton (ta) bien-aimé (e)

Maintenant, chante l'alphabet :

a, b, c, d, e, f, g, h, i, j, k, l, m, n, o, p, q, r, s, t, u, v, w, x, y, z.

Joue avec une corde à danser.

a) Deux amis tournent la corde en chantant.

b) Les autres attendent qu'on nomme la première lettre de leur prénom pour commencer à sauter. Ex. : Dorothée, Lambert, Laurie

Quand on dit D, Dorothée doit sauter à la corde jusqu'à ce qu'on chante la première lettre du prénom de ses amis. Ici, c'est L. Lambert et Laurie doivent donc commencer à sauter. On chante l'alphabet autant de fois qu'il le faut pour que chaque enfant ait épelé son prénom au complet.

c) On recommence. Ceux qui tournaient la corde se font remplacer.

Je m'occupe de mon potager

in

Dehors, il y a pl<u>ein</u> de pissenlits.
Dans le potager, des légumes et
de jolies fleurs ont été plantés.

1. Combien y a-t-il de fleurs dans

le potager ? _____

Des tomates en sac

2. a) Entoure les tomates pour former des sacs de 10 tomates.

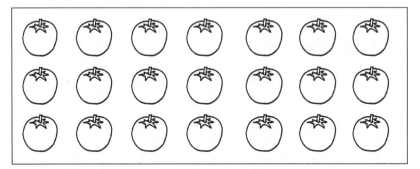

   on   in

b) Co<u>mbien</u> de sacs as-tu obtenus ?

_____

c) Est-ce qu'il reste des tomates ? _____ Combien ? _____

d) 2 sacs de 10 tomates chacun, ça fait _____ tomates.

   10 tomates = 1 dizaine.

Dans mon jardin, il y a...

1. Écris le nombre de pétales en dessous de chaque fleur.

a) [ ] b) [ ] c) [ ]

d) Combien y a-t-il de pétales en tout ? _____ Calcule :

dizaine / unité

1	0
1	0
1	0

pétales

2. Connais-tu une autre façon de compter les pétales ? Explique-la.

[ ]

è

3. La fleur avait 10 pétales. J'en arrache 2. Combien en reste-t-il ?

  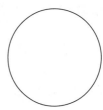

Fais pousser des légumes

Matériel :

- Deux boîtes de conserve vides
- Un sac de terre pour plantes
- Une enveloppe de graines de radis
- Une enveloppe de graines de haricots

Sème des graines de radis dans une boîte de conserve. Dans

l'autre boîte, sème des graines de haricots. Place tes pots dans un

endroit ensoleillé. Arrose un peu pour que la terre soit toujours

humide. Après quelques semaines, tu remarqueras la différence

de feuillage de chaque plant. N'oublie pas d'arroser tes plants !

La goutte d'eau

Plonge ton doigt dans un verre d'eau et fais tomber une goutte

d'eau dans une assiette.

Avec un crayon, essaie de percer la goutte.

Trace un cercle chaque fois que tu réussis. Fais un X si tu n'y arrives pas.

Combien de fois as-tu réussi ? _____

26

L'ordre croissant et décroissant dans le potager

Classe les choux dans l'ordre croissant.

Place les nombres du plus petit jusqu'au plus grand.

a)

Classe les choux dans l'ordre décroissant.

Place les nombres du plus grand jusqu'au plus petit.

b)

Classe les citrouilles dans l'ordre croissant. Place les nombres du plus petit jusqu'au plus grand.

c)

À la recherche des différences

Observe les deux illustrations.

Dans la deuxième illustration, 10 éléments ont changé.

Encercle-les.

Les regroupements dans le potager

Fais des groupements de dix

et écris combien il y a de légumes dans chacun des potagers.

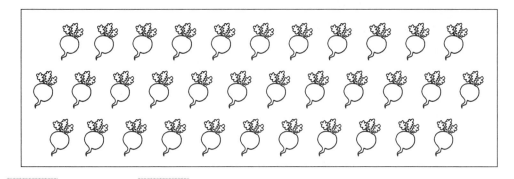

a) _____ dizaines _____ unités

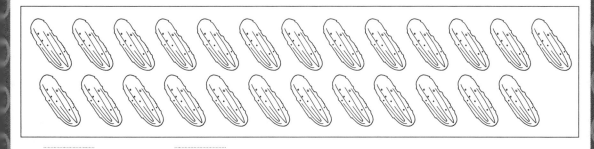

b) _____ dizaines _____ unités

c) _____ dizaine _____ unités

Dans mon panier, je mets...

Classe les mots suivants dans le bon panier.

bleuet	citron	orange
brocoli	fraise	poire
carotte	mangue	poivron
céleri	navet	pomme
chou	oignon	pomme de terre

fruits

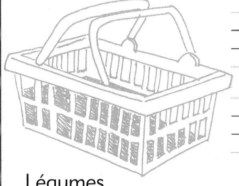

Légumes

Des nombres dans le potager

1. Complète les équations suivantes.

a) $3 + $  $= 10$

b) $7 - $  $= 6$

c) 6  $3 = 9$

d) 5  $2 = 3$

2. Complète la suite pour te rendre au potager.

a) 1 __ 3 __ __ 7 __ __ __ 13 __ __ __

__ __ 20 __ 22 __ __ __ __ 28 __ __ 32

3. Dessine 1 concombre de plus qu'il y a d'enfants.

4. Complète les suites de nombres suivantes.

Nombres pairs

a) 10  18

Nombres impairs

b) 11 19

Avant

c) 3

d) 11

Après

e) 18

f) 40

g) 7

h) 15

i) 24

j) 50

À la pêche

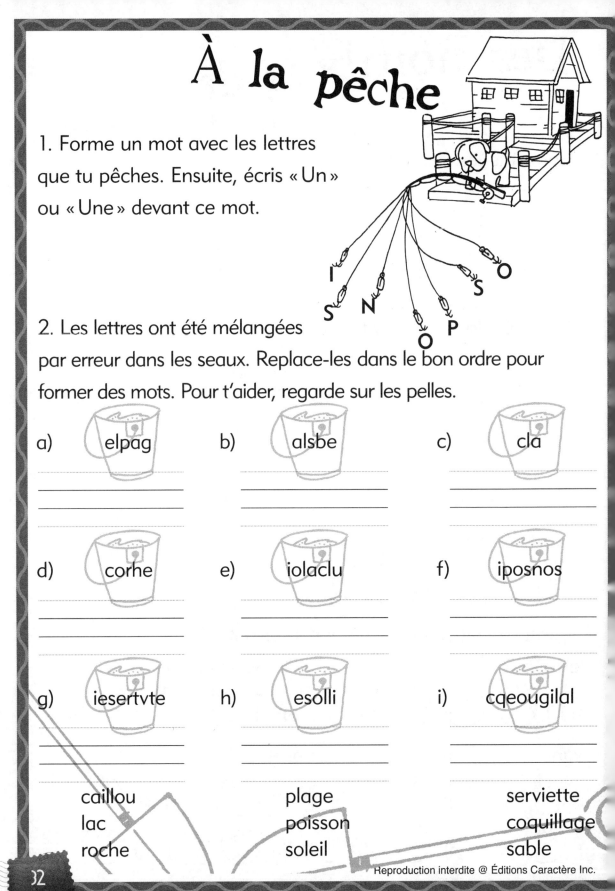

1. Forme un mot avec les lettres que tu pêches. Ensuite, écris « Un » ou « Une » devant ce mot.

I
O
S
S   N
P
O

2. Les lettres ont été mélangées par erreur dans les seaux. Replace-les dans le bon ordre pour former des mots. Pour t'aider, regarde sur les pelles.

a) elpag

_____
_____

b) alsbe

_____
_____

c) cla

_____
_____

d) corhe

_____
_____

e) iolaclu

_____
_____

f) iposnos

_____
_____

g) iesertvte

_____
_____

h) esolli

_____
_____

i) cqeougilal

_____
_____

caillou
lac
roche

plage
poisson
soleil

serviette
coquillage
sable

Ouvre l'œil

è  ...é ...

Fanny <u>est</u> heureuse de se promen<u>er</u> en canot.

Vois-tu ces objets autour d'elle ?

o ...

Un cout<u>eau</u> ? Une tasse ? Une casquette ? Un cœur ?

Une hache ?

Relie les mots à l'illustration correspondante.

tasse   cœur   hache   couteau   casquette

Des phrases

1. Quel mot d'action manque-t-il pour former une phrase complète?

ouvre   joue   lance   dessine   mange   aime   travaille

a) Justin _____ le ballon à son ami Charles.

b) Lambert _____ une pomme pour sa collation.

c) Maman _____ la bouteille de jus de pamplemousse.

d) Papa _____ à la caserne de pompiers près de notre maison.

e) Kim _____ à la cachette avec ses amis au parc.

2. Dis si la phrase est vraie en écrivant *vrai* ou *faux*.

a) J'ai mis mes raquettes pour nager.

è o

b) J'apporte mon traîneau à la plage.

è

c) C'est l'été, il y a de la glace sur le lac.

d) C'est l'hiver, je mets mes bottes.

e) C'est le printemps, les arbres perdent leurs feuilles.

Le jeu de la bouteille

a) Les enfants se tienn<u>ent</u> par la m<u>ain</u> pour faire un beau cercle.

b) On se lâche les m<u>ain</u>s.

c) Un enfant fait tourn<u>er</u> une bout<u>ei</u>lle à l'horizontale au centre du cercle.

d) Le goulot de la bout<u>ei</u>lle désigne un enfant.

e) Cet enfant se place au centre et mime quelque chose. Les autres enfants doivent deviner ce qu'il mime.

À tour de rôle, les enfants font tourner la bouteille.

Si la bouteille désigne un enfant qui a déjà mimé, il peut laisser sa place à un autre ami.

Un malaise de fleur

è è
Cet après-midi, Bizou l'abeille se promène un peu partout. Tout à coup, elle voit une fleur un peu penchée et presque sortie de terre.

— Bonjour, fleur! Comment t'appelles-tu?

— Margueretta.

è
— Ça ne va pas? demande l'abeille.

— Non, j'ai la bouche sèche et la tête lourde.

an   è
— Attends, dit Bizou. Je connais un remède merveilleux.

Et Bizou l'abeille part à tire d'aile et revient quelques instants plus tard avec du miel.

Réponds aux questions.

a) Selon toi, quel est le problème de la fleur? Encercle la bonne réponse.

    Elle a mal aux dents.   Ses racines sortent de terre.

b) Crois-tu que le miel va aider Margueretta? Encercle
è
la bonne réponse.

    Oui   Non

c) Comment les plantes se nourrissent-elles et boivent-elles? Encercle la bonne réponse.

    Elles se nourrissent   Elles se nourrissent
    par les racines.   par les fleurs.

d) Est-ce que l'oxygène (l'air) est nécessaire pour les plantes ?
Encercle la bonne réponse.

Oui   Non

e) Que ferais-tu pour aider Margueretta ? Choisis une phrase.

Je l'enlèverais complètement de la terre.

Je creuserais et je la remettrais dans la terre avec de l'eau.

Replace dans l'ordre le trajet parcouru par l'abeille.

Numérote les illustrations de 1 à 4.

Dans l'histoire de l'abeille, trouve des mots qui contiennent le son :

ou : _____

è : _____

an : _____

in : _____

Joue au jeu du contraire

Écris le contraire de ce qui est demandé en remplaçant le mot souligné par un autre que tu trouveras dans la glacière.

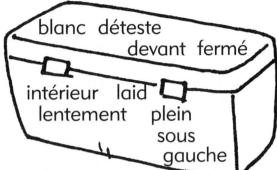

blanc déteste devant fermé intérieur laid lentement plein sous gauche

a) Cache-toi <u>sur</u> la table. _____

b) Va <u>derrière</u> la maison. _____

c) Lève ta jambe <u>droite</u>. _____

d) Marche très <u>vite</u>. _____

e) Jade <u>aime</u> le gâteau. _____

f) Mon chat Mistigris est <u>noir</u>. _____

g) Je joue à l'<u>extérieur</u>. _____

h) Mon dessin est <u>beau</u>. _____

i) Le livre est <u>ouvert</u>. _____

j) Le verre est <u>vide</u>. _____

Le vocabulaire

1. Tes amis et toi avez ramassé des déchets sur la plage et vous les avez jetés ou mis dans le bac de recyclage. Relie chaque illustration au mot correspondant.

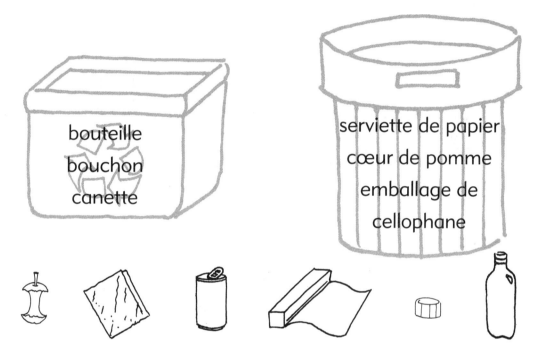

bouteille
bouchon
canette

serviette de papier
cœur de pomme
emballage de cellophane

2. Dans chaque colonne, fais un « X » sur l'intrus.

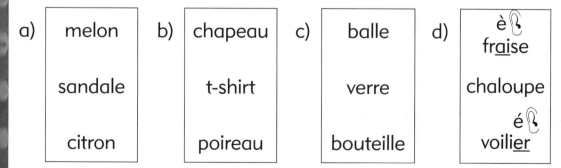

a)
melon

sandale

citron

b)
chapeau

t-shirt

poireau

c)
balle

verre

bouteille

d)
è
fraise

chaloupe

é
voilier

Des phrases incomplètes

f 👂

Complète la <u>ph</u>rase d'après l'image.

a) Le garçon _____ .

   joue à la balle   lit un livre

b) La fille _____ .

   oi 👂   an 👂
   b<u>oi</u>t un jus   pr<u>en</u>d une pomme

c) Le voilier _____ .

   plonge dans l'eau   flotte sur l'eau

d) Le chat _____ .

   tient une banane   croque des raisins

e) La souris _____ .

   mange du fromage   se cache dans un trou

Un disque qui mélange les couleurs

Matériel :

- Un carton mince
- Des ciseaux
- Une tasse à mesurer
- Des crayons
- Une ficelle

Dessine un <u>cer</u>cle sur un carton mince à l'aide d'une tasse renversée.

Découpe le cercle et trace une croix avec un crayon.

Colorie les pointes de différentes couleurs, en alternant.

Exemple : rouge, bleu, rouge, bleu.

Attends que ça sèche et colorie l'autre côté du cercle.

P<u>er</u>ce deux trous près du centre du cercle avec un crayon et agrandis les trous un peu avec la pointe des ciseaux.

Passe une ficelle par un trou et fais-la passer dans le deuxième trou.

Attache les deux extrémités de la ficelle.

Tiens les deux extrémités de la ficelle et place le disque au centre.

Avec une main, tourne vers l'avant environ 12 fois et tire, relâche un peu, retire, relâche un peu. Observe les couleurs.

Tu peux aussi remplacer le cercle de papier par un gros bouton.

La construction de phrases

1. Observe les mots dans les seaux. Fais des phrases qui ont un sens en utilisant chacune des cases du tableau et en mettant le mot dans la bonne colonne.

mange — au — pizza. — Grand-papa — ballon. — dans

la pêche. — à — Justine — s'en va — Laurie-Anne

se baigne — joue — Martin — la mer. — de la

Groupe du nom	Verbe	Mot invariable	Groupe du nom

Les syllabes homophones

a) Relie les syllabes qui font le même son.

eau	ain
an	hou
heu	en
on	om
in	o
ou	eu

b) Trouve un mot qui contient chaque son.

1. _____   4. _____

2. _____   5. _____

3. _____   6. _____

c) Compose une phrase avec deux de tes mots.

1. _____.

2. _____.

La mathématique dans le château

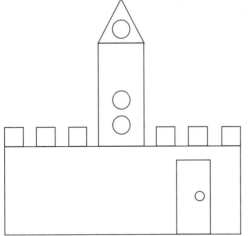
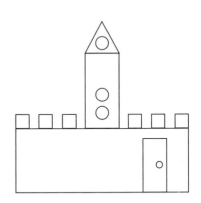

a) Colorie en jaune le château qui te prendra le plus de temps à colorier.

b) Combien y a-t-il de triangles dans chaque château ? △ ___

c) Combien y a-t-il de carrés dans chaque château ? □ ___

d) Combien y a-t-il de cercles dans chaque château ? ○ ___

e) Combien y a-t-il de rectangles dans chaque château ? ▭ ___

f) Écris comment tu as fait pour ne pas te tromper.

Exemple : J'ai fait un crochet. J'ai tracé par-dessus les formes.

_____

_____

Des énigmes

1. Résous les énigmes.

saucisse	troisième	brun	sincère

a) 5 + cère = _____

b) br + 1 = _____

c) 3 + ième = _____

d) sau + 6 = _____

2. Devine quelle est ta collation.

a) Je suis rouge.

b) J'ai des pépins.   _____

c) Ma ch<u>air</u> est blanche.

3. Qu'est-ce qui manque?

a)

b)

c)

Fais ta pâte à modeler

Pour faire ta pâte à modeler, demande à un adulte de t'aider !

Matériel :

- 1 tasse de farine
- 1 tasse d'eau
- ½ tasse de sel
- ½ tasse de fécule de maïs
- 2 cuillers à soupe d'huile
- Quelques gouttes de colorant alimentaire

Consignes :

1. Mélange la farine, l'eau, le sel, la fécule de maïs et l'huile dans une casserole.

2. Demande à un adulte de faire cuire le mélange à feu moyen quelques minutes (environ 5-6 minutes), jusqu'à ce que la pâte se décolle de la casserole. Dis-lui de toujours remuer le mélange pendant la cuisson.

3. Retire la casserole du feu. Ajoute le colorant et mélange.

4. Laisse ta pâte à modeler refroidir. Quand elle est froide, amuse-toi !

* Truc : Range ta pâte à modeler dans des plats ou des sacs de plastique. Il ne faut pas qu'elle sèche !

Les dizaines

1. En allant à la plage, tu as ramassé des galets.

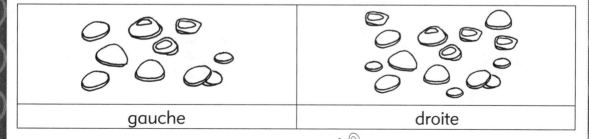

gauche	droite

a) De quel côté y en a-t-il le plus ? Fais un X sur le carré de gauche ou le carré de droite.

b) Mets le signe – (moins) dans le carré de gauche ou de droite.

c) Peux-tu faire des paquets de 10 (dizaine) ? _____

c) Combien de dizaines ? _____ dizaine par côté.

d) 2 dizaines font combien de galets ? _____ galets.

e) Combien de galets ne sont pas encerclés ? _____ galets.

f) Combien y a-t-il de galets en tout ? _____ galets.

g) Écris sur la feuille comment tu as fait tes calculs.

_____
_____
_____
_____

Jouons aux cartes

1. Dessine la carte manquante.

a)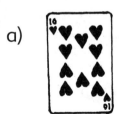

b)

c)

Les probabilités

2. Quel objet est le plus lourd ? Colorie la bonne réponse.

a)

b)

Amusons-nous

Ferme tes deux mains. En récitant la comptine, essaie de lever un doigt à la fois.

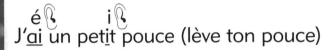

J'ai un petit pouce (lève ton pouce)

Aussi un index (lève l'index)

Un majeur (lève le majeur)

Un annulaire (lève l'annulaire)

Un petit auriculaire (lève l'auriculaire)

J'ai en tout cinq doigts.

(L'autre main)

J'ai deux petits pouces (lève le pouce de l'autre main)

Aussi deux index (lève l'index de l'autre main)

Deux majeurs (lève le majeur de l'autre main)

Deux annulaires (lève l'annulaire de l'autre main)

Deux petits auriculaires (lève l'auriculaire de l'autre main)

J'ai en tout dix doigts.

2. Écris *droite* ou *gauche*. Observe bien.

a) _____

b) _____

Les maths en vacances

1. Attache le ballon au bon nombre.

    8   3   5   7

2. Compare les nombres en écrivant < (plus petit)
   ou > (plus grand).

a) 16 ☐ 13

b) 32 ☐ 28

c) 65 ☐ 69

d) 55 ☐ 60

e) 48 ☐ 38

f) 29 ☐ 39

3. Trouve les solutions.

a) 16 + 13 = ☐

b) 7 – 4 = ☐

c) 5 + 5 = ☐

d) 9 – 2 = ☐

e) 8 – 3 = ☐

f) 12 + 3 = ☐

Un peu de logique

Observe les illustrations. Numérote-les dans l'ordre.

1

Trouve-nous

1. Relie chaque arbre à l'enfant qui présente la bonne réponse.

a)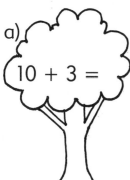
10 + 3 =

b)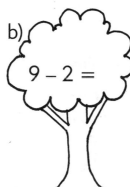
9 – 2 =

c)
10 + 5 =

d)
9 – 5 =

Timothy

Laurie-Anne

Lambert

Dorothée

2. Résous les équations, lis les indices et trouve quel poisson est Dido.

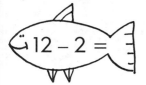
12 – 2 =

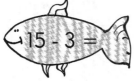
15 - 3 =

9 + 8 =

9 – 6 =

a) Je suis > 10. _____

b) Je suis < 17. _____

c) Je suis le nombre : _____. Colorie ce poisson en orange.

Trouve sa route

1. D'après les empreintes, dans quelle direction est parti l'oiseau ?
À gauche ou à droite ? Encercle la bonne réponse.

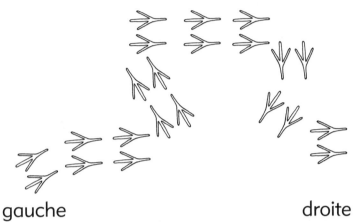

gauche   droite

2. Colorie en jaune les cases demandées pour te rendre chez ton ami.

A1, B1, B2, C2, C3, C4, D4, E4

	A	B	C	D	E
1					
2					
3					
4					
5					

Dans l'ordre

1. Jouons à la marelle.

0	1	2	3	4	5	6	7	8	9

a) Tu es à 5. Si tu fais 1 bond de plus, sur quelle case

te trouves-tu ? _____

b) Si tu fais des bonds de 3 cases en partant du début (0),

où seras-tu après 2 bonds ? _____

2. Replace ces nombres dans l'ordre croissant.

13   15   11   10   20   8

_____

_____

3. Numérote les nuages dans l'ordre croissant selon leur nombre de courbes.

Au parc

Trouve les objets cachés dans le parc.

pomme   bouteille   chapeau   soulier   livre   ballon

Au parc

Les amis du camp de jour passent devant la maison de Kim. Elle les voit et leur dit :

— Bonjour, les amis ! Bonjour, monsieur le moniteur !

— Bonjour ! Bonjour ! lui répondent-ils.

— Mes parents veulent que j'aille au parc avec vous. Est-ce que je peux amener mon chien Batcho ? demande Kim.

— D'accord ! Pourvu qu'il ne nous fasse pas courir ! Il fait si chaud ! Mais quel beau soleil ! lui répond le moniteur.

— Regardez : des balançoires ! Qui vient avec moi ? demande Fanny.

— J'y vais, dit Alysson.

— Moi aussi, ajoute Justin.

— Qui vient avec moi sur la bascule ? demande Kim.

— Moi, moi ! dit Alexandre.

— Plie les genoux quand tu es en bas ! explique Kim à Alexandre.

— Oh ! Regardez Batcho, il essaie de faire l'autre bascule, dit Kim.

— Comme il est drôle, ton chien, et il est gentil ! dit Alexandre.

Toute la journée, les enfants s'amusent au parc. Kim rentre à la maison, épuisée, mais heureuse.

Au parc

Dans l'histoire de la page précédente, tu as lu des mots avec des *g* doux et des *g* durs. Voici quelques exemples. Trouve et écris les mots de l'histoire qui contiennent des *g* doux et des *g* durs.

g doux
      in
magicien
genou
nuage

g dur

gomme
gazon
légumes

g doux : _____

_____

g dur : _____

Tu as entendu dans l'histoire le son «ail» et le son «eil». Écris ces mots sous le bon seau.

abeille   bataille   soleil   corbeille   j'aille   taille

ail   eil

_____   _____

_____   _____

_____   _____

_____   _____

_____   _____

Au parc

a) D'après l'illustration du parc et l'histoire des pages précédentes,
   eu🦻   oi🦻   on🦻o🦻
   peux-tu écrire le prénom des trois personnes qui sont aux

   balançoires?

   _____

   _____

   _____

       èl🦻
b) Quel est le nom du chien? _____

c) Quel est le prénom de chaque garçon? _____

   _____

   _____

              e🦻   è🦻
d) Peux-tu dire où se trouvent les objets cachés? Complète les phrases.

       o🦻
   Exemple : Le chapeau est sous la table.

à côté de la table	sous les buissons	à côté de la balançoire
sur la bascule	dans l'arbre	dans l'arbre

   Le livre est _____.

   La pomme est _____.

   Le soulier est _____.

   Le ballon est _____.

Le jeu de ballon

Tous les amis se donnent la main pour faire un beau cercle.

Apprends la comptine que le moniteur chante.

Roule, roule, roule

Joli ballon, lon, lon

Sans perdre la boule

Dis-moi ton nom, nom, nom

Quand tu sauras la comptine, tu pourras jouer.

En cercle, vous passez le ballon de main à main au voisin.
À la phrase : « Dis-moi ton nom, nom, nom », l'ami qui reçoit le
ballon doit dire son prénom.

Essaie de retenir le prénom des amis. Écris-en quelques-uns.

_____

_____

_____

_____

_____

Dans la comptine, trouve le mot qui rime avec :

a) roule _____ b) ballon _____

Un casse-tête

Relie le morceau de casse-tête de gauche à celui de droite.

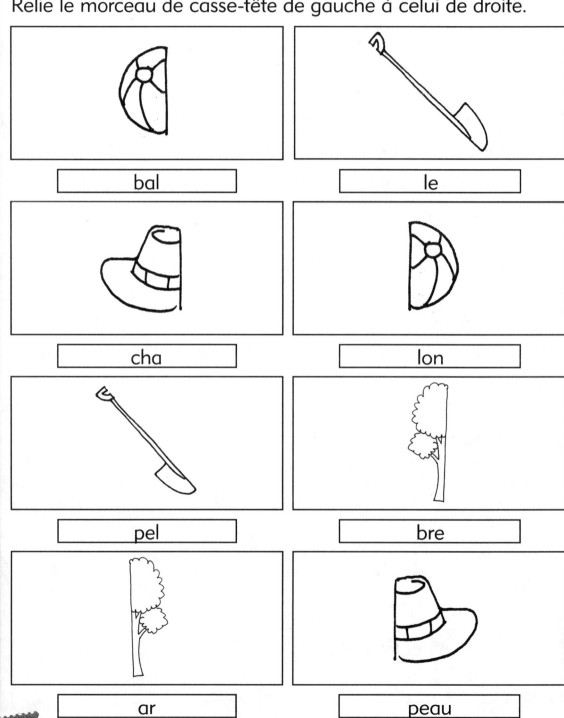

bal

le

cha

lon

pel

bre

ar

peau

À la façon du roi Dagobert

Matériel :

– Plusieurs languettes de papier, assez longues pour faire le contour de la tête

– Un crayon feutre

– Du ruban adhésif

1. Choisis un ami et place une languette de papier autour de sa tête.

2. Colle la languette avec du ruban adhésif.

3. Donne-lui un crayon.

4. La personne doit écrire le mot que tu lui dictes sur la languette placée autour de sa tête.

   Exemple : ballon _____ pelle _____ livre _____ chien

5. Si la personne se trompe, vous lui chantez :

   « Ô, bon roi Dagobert, tu as mis toutes les lettres à l'envers. »

6. Si la personne réussit, vous lui chantez :

   « Ô, bon roi Dagobert, tu as mis toutes les lettres à l'endroit. »

7. Tous les amis jouent à tour de rôle.

Écris le prénom des personnes qui ont joué et combien de mots chacune a réussi à écrire.

Prénom	Résultat

Les voyelles et les consonnes

a) Nomme les six voyelles de l'alphabet.

1. _____   4. _____

2. _____   5. _____

3. _____   6. _____

b) Place les voyelles manquantes dans les mots suivants.

1. Ch___t   4. P___l___

2. Ch_____n   5. C___ch___n

3. Ch___v___l   6. R___n___rd

c) Ajoute les consonnes manquantes dans les mots suivants.

1. Lou___   4. Liè___re

2. Ou___s   5. ___astor

3. Mou___ette   6. Cou___euvre

Les phrases farfelues

1. Lis les phrases à haute voix et souligne le son « o ».
   Que manque-t-il à la fin de la phrase ? Ajoute-le.

   a) Il tire un manteau

   b) Le chapeau fait une promenade

   c) Il mange de l'eau

   d) Zorro mange un château

   e) L'auto rose vogue sur l'eau

2. Lis les mots à haute voix et souligne la première lettre.

   a) J'ai bu.

   b) Le zébu est un animal.

   c) Xylophone, c'est un instrument de musique.

   d) Taxi ! taxi ! Arrêtez.

   e) Va chercher le pain.

3. Souligne la première syllabe de chaque mot. C'est le premier son que tu prononces.

   a) chapeau   b) savoureux   c) cerise

   d) gâteau   e) cadeau   f) école

   g) semaine   h) laine   i) pelle

   j) maman   k) pleurer   l) balançoire

Les pieds

Bricolage

Matériel :

– Du carton ou du papier construction

– Des crayons

– Des ciseaux

a) Déchausse-toi et m<u>è</u>ts ton pied sur le carton. Tes amis font la même chose.

b) Dessine le contour de ton pi<u>é</u>d, puis découpe la forme que tu as tracée. Écris ton prénom et ton âge.

c) Sur une feuille, f<u>è</u>is le contour de la main de ton papa. Ensuite, demande à ta maman de mettre sa main à l'intérieur du contour de celle de ton papa, et trace le contour de sa main. Ensuite, c'est toi qui mets ta main à l'intérieur de celle de maman. Trace le contour de ta main. Écris le mois et l'année.

La famille

1. Complète les phrases en te servant des mots à la verticale.

a) _____ a un papa, c'est grand-papa.

b) Maman a une _____, c'est grand-maman.

c) J'ai une maman _____ papa.

d) Mes parents _____ un enfant.

a
et
maman
ont
papa
un
une

2. Trouve les erreurs dans le texte. Réécris correctement les phrases.

a) Maman a téléphoné à grand-papa ce mibi.

b) Ze vais me faire garder chez eux.

c) Je pourrai zouer aux cartes. J'ai hâte.

a) _____

_____

b) _____

_____

c) _____

_____

Construis une marionnette

Matériel :

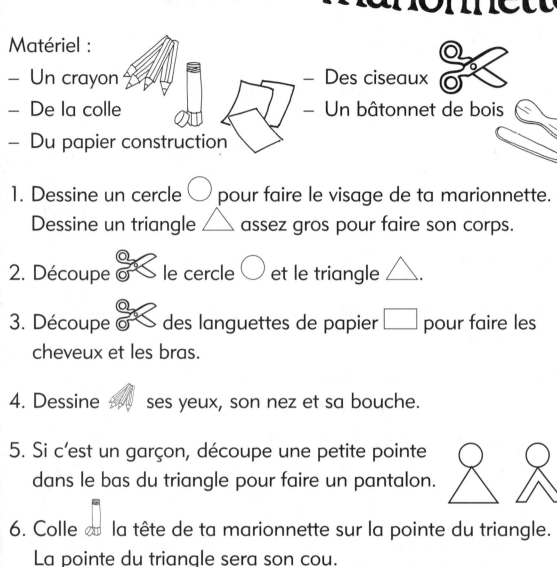

- Un crayon
- De la colle
- Du papier construction
- Des ciseaux
- Un bâtonnet de bois

1. Dessine un cercle ○ pour faire le visage de ta marionnette. Dessine un triangle △ assez gros pour faire son corps.

2. Découpe ✂ le cercle ○ et le triangle △.

3. Découpe ✂ des languettes de papier ▭ pour faire les cheveux et les bras.

4. Dessine ✎ ses yeux, son nez et sa bouche.

5. Si c'est un garçon, découpe une petite pointe dans le bas du triangle pour faire un pantalon.

6. Colle ✇ la tête de ta marionnette sur la pointe du triangle. La pointe du triangle sera son cou.

7. Colle ✇ ses cheveux et ses bras.

8. Colle le bâtonnet derrière le corps et laisse-le dépasser pour tenir.

9. Invente-toi une histoire mettant en vedette ta marionnette.

Le théâtre d'ombre

Matériel :

– Une lampe

– Un drap uni blanc, de couleur très pâle ou encore une chemise blanche

– Deux chaises

– Une corde ou une corde à danser

1. Place les deux ch<u>ai</u>ses l'une à côté de l'autre en laissant un espace entre les deux.

2. Attache la corde aux dossiers des chaises.

3. Place le dr<u>ap</u> ou la chemise sur la corde. Voilà ton théâtre.

4. <u>M</u>ets la lampe par terre, à une bonne distance derrière le drap ou la chemise. Ferme les rideaux.

5. Place-toi derrière le drap ou la chemise, un peu de côté, <u>pr</u>ends ta marionnette, fais-la bouger et raconte ton histoire.

6. Tu peux aussi inventer des formes avec tes mains et, avec des amis, jouer à deviner ce qui est mimé.

Les phrases

1. Replace les mots pour former des phrases qui ont un sens. N'oublie pas les majuscules.

a) amie mon est Fanny. _____

_____

b) fatigué suis Je. _____

_____

c) dans a grimpé l'arbre Lambert. _____

_____

d) jappe Mon fort chien très. _____

_____

e) mange pomme Justin une. _____

_____

f) lit livre un Chloé. _____

2. Fais un crochet ✔ dans la bonne colonne.

Devine si l'action a lieu en ce moment (présent), aura lieu plus tard (futur) ou a déjà eu lieu (passé).

	Passé	Présent	Futur
a) Hier, je suis allé au parc.			
b) Je me balance avec Timothy. èk			
c) Demain, j'irai à la piscine.			
d) Mes amis viendront à ma fête.			
e) Voici ma photo quand j'étais petit.			
f) J'irai visiter ma grand-mère.			
g) Annie regarde la télévision.			
h) Ricardo a mangé une pomme.			

Une histoire inventée

Alysson a mis sa collation près de l'arbre.

Écris ce qui va arriver.

_____
_____
_____
_____
_____
_____
_____

Dessine et écris comment tu vois la fin de l'histoire.

_____
_____
_____
_____
_____
_____

La collation

Prépare ton dîner et ta collation pour la fête au parc. Choisis au moins un item dans chaque panier et écris son nom dans la boîte à lunch de la page suivante.

Groupes alimentaires

FRUITS ET LÉGUMES

pomme, banane, poire, cerise, orange, jus de fruits, concombre, radis, carotte, céleri, laitue, jus de légumes

LAIT ET SUBSTITUTS

fromage, lait, yogourt

VIANDE ET SUBSTITUTS

jambon, soupe au poulet, poulet, haricots rouges, œuf

PRODUITS CÉRÉALIERS

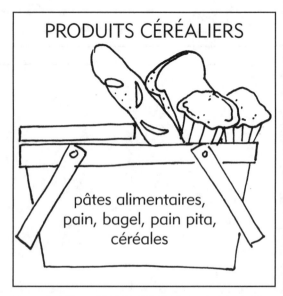

pâtes alimentaires, pain, bagel, pain pita, céréales

Ma boîte à lunch

Dans ma boîte à lunch, je mets :

_____

_____

_____

_____

Chanson : *Les légumes*

Tous les légumes, au clair de lune

è
étaient en train de s'amuser

Rythme assez rapide

è
Ils s'amusaient

è
tant qu'ils le pouvaient

Et les passants les regardaient.

Les cornichons tournaient en rond,

Les petits pois sautaient dans le bois,

Rythme lent

Les céleris valsaient sans bruit,

Les champignons se dandinaient sur les talons.

Fais une ronde en chantant avec tes amis.

« Mademoiselle tout en fruits »

Bricolage

Matériel :

- Du papier construction ou du carton mince
- Des ciseaux
- De la colle
- Des crayons
- Des attaches parisiennes

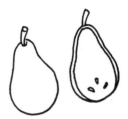

Dessine et découpe un cercle pour faire la tête.

Dessine et découpe des grappes de raisins pour faire les cheveux.

Dessine et découpe des bleuets pour faire les yeux.

Dessine et découpe une fraise pour faire le nez.

Dessine et découpe un quartier d'orange pour faire la bouche.

Dessine et découpe un ananas pour faire le tronc.

Dessine et découpe des bananes pour faire les bras.

Dessine et découpe de la rhubarbe pour faire les jambes.

Dessine et découpe des moitiés de poire pour faire les pieds.

Dessine et découpe une rondelle de banane pour faire le cou.

Colle les cheveux, les yeux, le nez et la bouche. Fixe les jambes, les pieds, les bras et le cou avec des attaches parisiennes.

« Monsieur tout en légumes »

Bricolage

Matériel :

- Du papier construction ou du carton mince
- Des ciseaux    – De la colle
- Des crayons   – Des attaches parisiennes

Dessine et découpe un cercle pour faire la tête.

Dessine et découpe des feuilles de laitue pour faire les cheveux.

Dessine et découpe des radis pour faire les yeux.

Dessine et découpe une minicarotte pour faire le nez.

Dessine et découpe un piment rouge pour faire la bouche.

Dessine et découpe des morceaux de chou-fleur pour faire les oreilles.

Dessine et découpe un brocoli pour faire le tronc.

Dessine et découpe des épis de maïs pour faire les bras.

Dessine et découpe des concombres pour faire les jambes.

Dessine et découpe des moitiés de pomme de terre pour faire les pieds.

Dessine et découpe une tomate cerise pour faire le cou.

Colle les cheveux, les yeux, le nez et la bouche. Fixe les jambes, les pieds, les bras et le cou avec des attaches parisiennes.

Le jeu des contraires

1. Encercle la bonne réponse en rouge.

a) 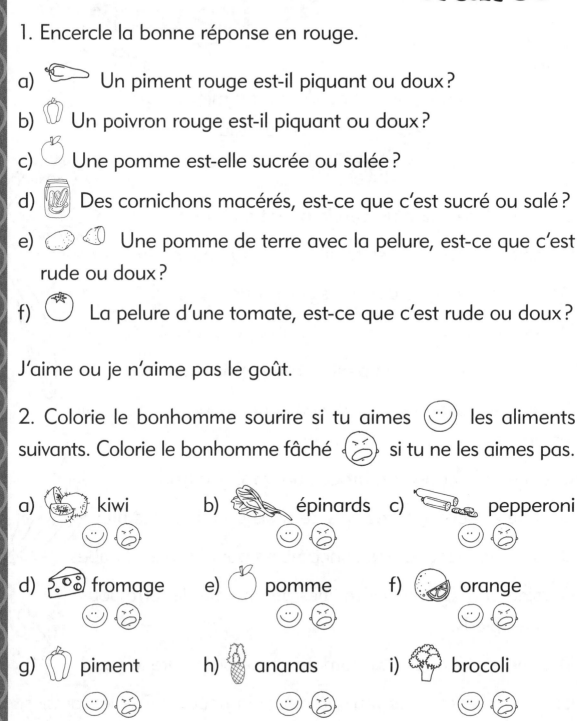 Un piment rouge est-il piquant ou doux?

b) Un poivron rouge est-il piquant ou doux?

c) Une pomme est-elle sucrée ou salée?

d) Des cornichons macérés, est-ce que c'est sucré ou salé?

e) Une pomme de terre avec la pelure, est-ce que c'est rude ou doux?

f) La pelure d'une tomate, est-ce que c'est rude ou doux?

J'aime ou je n'aime pas le goût.

2. Colorie le bonhomme sourire si tu aimes ☺ les aliments suivants. Colorie le bonhomme fâché 😠 si tu ne les aimes pas.

a) kiwi

b) épinards

c) pepperoni

d) fromage

e) pomme

f) orange

g) piment

h) ananas

i) brocoli

Aide-moi

1. On a échappé les mots! Tu peux les retrouver en mettant ta page devant le miroir. Tu découvriras des mots de la chanson *Les légumes*.

a) légumes   b) rond   c) lune   d) céleri

Écris-les : _____

2. Encercle les consonnes et lis les mots à haute voix.

a) cube   b) odeur   c) s'amus<u>aient</u>   d) pois

3. Fais un rectangle autour du mot qui correspond à l'illustration.

feuille	pomme	tomate	étoile
arbre	citron	citrouille	soleil

4. Complète la phrase à l'aide des mots ci-dessus.

a) Je mange _____.

b) Je ramasse _____.

5. Lis cette phrase et écris-la. J'ai un [éléphant] [dent] ma [maison].

_____
_____.

Un mot mystère

C	R	E	P	E	K	I	W	I	L
C	I	T	R	O	U	I	L	L	E
R	C	H	A	N	T	A	N	T	T
O	C	R	O	I	S	S	A	N	T
F	E	U	I	L	L	E	T	■	R
O	D	E	U	R	I	■	E	■	E

1. Encercle les lettres qui forment les mots suivants :

      chantant   croissant   lettre   crêpe

      citrouille   feuille   odeur   kiwi

Mot mystère : ____ ____ ____ ____ ____

2. Quelle voyelle vas-tu écrire : é, è ou ê ?

    a) r __ ve   b) f __ ve   c) m __ re   d) t __ te

    e) l __ gume f) f __ te   g) j' __ tais   h) bl __

3. Quelle lettre a été enlevée ?

a) J'ai descendu la __ lissade.

b) J'ai perdu mon __ oulier.

c) J'ai retrouvé mon __ hapeau.

Au parc

Observe bien l'illustration et réponds aux questions.

1. a) Quel enfant se balance le plus haut ? Encercle la bonne
   réponse.

   b) Quel enfant est le plus lourd ?

   Droite

   Gauche

   c) Combien y a-t-il d'objets à quatre roues dans le carré

   de sable ? _____

Au parc

d) Qu'est-ce qu'il y a sur le banc de la table de pique-nique ?

_____

_____

e) Qu'est-ce qu'il y a sous la table ? _____

f) Parmi les poteaux à enjamber, lequel est le plus éloigné ?
   Fais un X sur la réponse.

        côté gauche   côté droit

g) Le plus grand poteau est-il devant un poteau ou derrière
   un poteau ?

        devant   derrière

Logique

2. Trace le trajet que tu suivras si tu passes sur les quatre poteaux
   dans l'ordre décroissant, du plus grand au plus petit. Ensuite,
   écris les lettres qui correspondent à l'ordre de ce trajet.

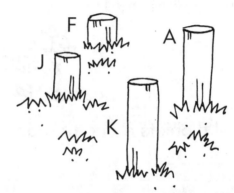

Une fête au Parc

1. a) Si tu te souviens bien, il y avait 5 enfants au parc : Kim, Fanny, Alysson, Justin et Alexandre. D'après toi, pourquoi y

a-t-il 6 boîtes à lunch ? _____

_____

b) Peux-tu dire quel âge a Kim ? _____

c) Miam, miam ! Combien de légumes y a-t-il sur la table ?

_____

_____

Les déterminants

Savais-tu que *le* et *la* perdent leur *e* et leur *a* et deviennent *l'* quand ils sont placés devant un mot qui commence par une voyelle?

a) Ajoute *l'*, *le* ou *la* dans les phrases suivantes.

1. Camille aime _____ lait.

2. Cédric mange de _____ ananas.

3. Chloé et Julien jouent à _____ cachette.

4. Marcel est _____ grand-père de Sophie.

5. Justin lit _____ invitation à la fête.

Savais-tu que, quand un mot est au pluriel, on remplace *l'*, *le* et *la* par *les*?

b) Ajoute *l'*, *le*, *la* ou *les* devant les mots suivants.

1. _____ hiboux

2. _____ ami

3. _____ arbres

4. _____ fille

5. _____ oncle

6. _____ radis

Le mystère

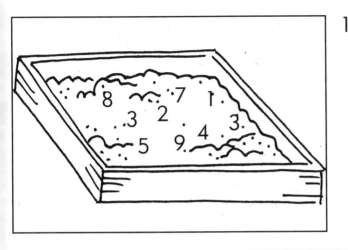

1. Pige des nombres dans le carré de sable. Trouve des additions et des soustractions dont la solution est 6. Tu peux utiliser le même nombre plus d'une fois.

_____

_____

Formes mystères

a) Le total du nombre de répétitions de chaque forme est un nombre pair, sauf pour une forme. Laquelle? _____

b) Combien y a-t-il de △? _____

c) Combien y a-t-il de ○? _____

d) Combien y a-t-il de □? _____

e) Combien y a-t-il de formes en tout? _____

Les nombres

in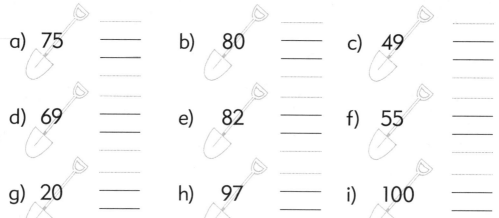

1. Écris le nombre qui vient après.

a) 75 _____ b) 80 _____ c) 49 _____

d) 69 _____ e) 82 _____ f) 55 _____

g) 20 _____ h) 97 _____ i) 100 _____

2. Quel nombre vas-tu mettre en haut sur la balance ? Lequel vas-tu mettre en bas ?

a) 61 et 16   b) 21 et 12   c) 17 et 71

Nous allons à la piscine

Piscine municipale

1. a) Combien manque-t-il de chaussures? _____

b) Combien de personnes sont à l'extérieur de la piscine? ___

c) Combien d'enfants n'ont pas de serviette? _____

d) De quel côté est la chaise du sauveteur?

à droite   à gauche

À la piscine

2. a) À la piscine, <u>est</u>-ce qu'il y a plus de filles que de garçons ?

   Encercle la réponse.   oui   non

   b) Écris combien il y a de filles : _____

   Combien il y a de garçons : _____

3. a) Compare ta taille à celle de ton père.

   Écris ta taille et celle de ton père.

Moi : _____ Mon père : _____

Mon père est _____ que moi.   < que moi >

Compare :

b) Mon frère mesure : _____ cm.

c) Ma sœur mesure : _____ cm.

d) Compare-toi avec ton frère ou ta sœur. Fais un X sur

   la bonne réponse.

          Mon frère est < ou > que moi.

          Ma sœur est < ou > que moi.

À la piscine

4. a) Colorie 2 sandales en jaune et 4 de plus en vert.

b) Combien de paires de sandales as-tu coloriées ? _____

5. Écris le nombre qui vient avant.

a) _____ 27   b) _____ 80   c) _____ 41

d) _____ 78   e) _____ 61   f) _____ 70

g) _____ 42   h) _____ 36   i) _____ 23

6. Combien y a-t-il d'adultes à la piscine ? _____

7. a) Si j'enlève 4 chaussures sur le côté de la piscine de

la page 83, combien en reste-t-il ? _____

b) Explique comment tu as fait pour trouver cela.

_____

_____

À la piscine

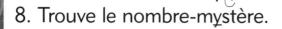

8. Trouve le nombre-mystère.

a) Je suis > 22 : _____

b) Je suis < 28 : _____

c) Je ne suis pas placé après 25 et je suis un nombre impair.

Qui suis-je ? _____

9. Colorie en vert les «s» qui se prononcent comme
dans le mot *sac*.

Colorie en jaune les «s» qui se prononcent
comme dans le mot *zèbre*.

casque	costume	sandale
déshabille	ciseau	mademoiselle
blouse	serviette	maison

Place au théâtre

Il pleut, nous faisons un SPECTACLE.

Voici les étapes pour créer une histoire.

a) Demande à tes amis, à tes frères et à tes sœurs s'ils veulent faire une pièce de théâtre.

b) Décris l'endroit où se déroulera l'histoire de la pièce de théâtre : bateau, forêt, etc.

_____

_____

c) Que va-t-il arriver ?

_____

_____

d) Comment va finir votre pièce de théâtre ?

_____

_____

N'oublie pas d'écrire le rôle de chacun !

Prénom : _____ Il (elle) fera : _____

Prénom : _____ Il (elle) fera : _____

Prénom : _____ Il (elle) fera : _____

Demande à tes amis, à tes frères et à tes sœurs, ou tes parents de t'aider.

Au restaurant

a) Un verre de barbotine d'été coûte 10 ¢. Encercle la bonne pièce de monnaie.

5¢   **10¢**   **25¢**

b) Laurie et Timothy achètent chacun un <u>verre de barbotine d'été</u>.

Combien coûteront les deux verres ? _____

_____

c) Laurie donne 25 ¢ pour les deux v<u>e</u>rres de barbotine.

Combien le caissi<u>e</u>r va-t-il lui remettre d'argent ?

Fais le calcul.

25 ¢ – 20 ¢   Il va remettre _____ ¢.

Au restaurant

Recette de la barbotine d'été

Ingrédients :

– Des fraises

– Du melon d'eau

Lave et équeute des fraises.

Prépare la même quantité de morceaux de melon d'eau que de fraises.

Enlève les pépins du melon d'eau.

Mets les fruits dans le mélangeur. Laisse brasser pour que le tout soit bien liquide.

Verse dans un pichet. Mets au réfrigérateur. Attends que ce soit bien froid.

Verse dans un verre. Ajoute une paille, et une fraise comme garniture.

89

Faire de la pluie fine

Matériel :

– Une grande bouteille de plastique transparent (eau minérale ou boisson gazeuse)

– Glaçons

– Eau chaude (demande à un adulte)

Demande à un adulte de couper la bouteille de plastique aux ¾ environ. Enlève l'étiquette s'il y a lieu.

Demande l'aide d'un adulte pour faire chauffer de l'eau.

Verse l'eau chaude dans la bouteille.

Forme un entonnoir avec la bouteille en l'inversant (mets le bouchon vers le bas).

Remplis cette partie avec des glaçons.

Après quelques minutes, tu verras des gouttelettes couler le long de la partie inversée de la bouteille.

Quand l'air chaud du bas de la bouteille rencontre la partie froide du haut de la bouteille, il y a condensation de la vapeur d'eau : cette vapeur, au contact du froid, redevient liquide et forme des petites gouttelettes d'eau. Si tu lèves la partie supérieure de la bouteille, tu verras l'eau qui coule. La pluie se forme sur le même principe : la rencontre de l'air chaud d'en bas avec l'air froid d'en haut, dans le ciel.

J'écris à mes grands-parents

Complète la lettre avec les mots suivants.

bisous   écris   merci

Date

Jour : _____ mois : _____ année : _____

Chers grands-parents,

Je vous _____ pour vous dire _____ pour le

beau cadeau.

Grand-papa, grand-maman, je vous envoie des _____.

Signé : _____

Ton prénom.

Dessine un cadeau que tu aimerais recevoir.

2. À mon anniversaire, j'ai invité

(écris le prénom des personnes invitées) :

_____

_____

_____

Le bricolage

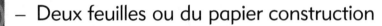

Matériel :

– Deux feuilles ou du papier construction

– Des ciseaux

– De la gouache

– Un pinceau

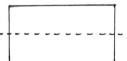

1. Sérigraphie

a) Coupe une feuille en deux sur le sens de la longueur.

b) Prends cette moitié de feuille et plie-la en deux sur le sens de la longueur.

c) Découpe différentes formes dans le pli.

d) Ouvre cette bande, puis place-la sur l'autre feuille blanche.

e) M<u>è</u>ts deux petites gouttes de colle derrière la bande, et colle-la sur la feuille. Il faut que la bande tienne, mais qu'elle soit facile à décoller.

f) É<u>ten</u>ds de la p<u>ein</u>ture partout sur la bande.

g) Lorsque c'<u>èst</u> sec, enlève la bande lentement. Conserve cette bande pour recréer ton motif.

Allons dehors

Un oiseau te fait visiter
l'intérieur de sa cabane.
Dessine ce qu'il te dit.

Viens visiter l'intérieur de ma cabane. Dessine les éléments manquants.

a) Sur le mur du f<u>on</u>d, il <u>y</u> a un papillon jaune.

b) Sur le planch<u>er</u>, il y a des brindilles vertes.

c) Sur les brindilles, il y a tr<u>ois</u> <u>œufs</u> turquoi<u>ses</u>.

d) Ma compagne est sur le bâton à côté de la cabane à l'extérieur.

Elle a un bec jaune et des plumes rouges. C'est joli, n'est-ce pas?

Donne un nom aux oiseaux : _____

La bataille navale

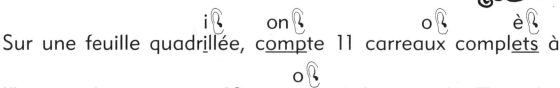

Fabrique un jeu de bataille navale.

Matériel :

– Du papier quadrillé

– Des ciseaux

– Deux crayons

Sur une feuille quadrillée, compte 11 carreaux complets à l'horizontale et compte 12 carreaux à la verticale. Trace les contours du rectangle 11 carreaux par 12 ainsi formé et découpe-le.

Fais trois autres rectangles : il en faut deux pour toi et deux pour ton adversaire. Écris « Ma flotte » en haut d'un de tes rectangles. Fais la même chose pour un des rectangles de l'autre joueur.

Sur ton autre rectangle, écris « Ennemi ». Fais la même chose pour un des rectangles de l'autre joueur.

Vis-à-vis des carreaux horizontaux de chaque rectangle, écris : 0, 1, 2, 3, 4, 5, 6, 7, 8, 9, 10.

Vis-à-vis des carreaux verticaux, écris : a, b, c, d, e, f, g, h, i, j.

La bataille navale

Sur la feuille « Ma flotte », noircis le nombre de carreaux correspondant à chacun des bateaux. Tu peux placer les bateaux à l'horizontale, à la verticale ou en diagonale. Ne regarde pas sur la feuille de ton adversaire.

Cuirassé = 4 carreaux à colorier

Croiseur = 3 carreaux à colorier

Torpilleur = 2 carreaux à colorier

2e torpilleur = 2 carreaux à colorier

À tour de rôle, vous essayez de deviner où sont cachés les bateaux de l'autre joueur.

Le premier joueur nomme une lettre et un nombre, comme F2.

Si l'autre joueur a noirci le carreau F2, il dit TOUCHÉ.

Si le carreau nommé n'est pas noirci, l'autre joueur dit : NON.

Pour vous souvenir des carreaux que vous avez nommés, faites un rond si c'est TOUCHÉ sur la feuille ENNEMI, et une croix si le carreau nommé n'était pas noirci.

Quand tous les carreaux d'un bateau ont été nommés, l'autre joueur doit dire COULÉ.

Le gagnant est celui qui a fait couler tous les bateaux de son adversaire.

C'est le plaisir qui est important, et non la victoire !

Faisons des rimes

èr 👂   è 👂

1. Sers-toi des mots dans le coffre à jouets pour faire des rimes.
   Écris les mots qui riment par deux.

miroir	mouton
noir	souris
chapeau	feu
soir	ciseau
poire	chanson
tapis	

a) _____   b) _____

c) _____   d) _____

e) _____

2. Quel mot ne rime avec aucun autre ? _____

3. Joue à faire d'autres rimes avec des prénoms.

_____
_____
_____
_____

Jouons à la statue

Invite tes amis, tes frères, tes sœurs à jouer à la statue. Quand tu dis <u>STATUE</u>, tout le monde doit cesser de bouger. Dis

on

la comptine fort.

Agite tes bras, dans tous les sens. an

Agite, agite. STATUE.

Bouge ton corps, bouge tes fesses. è

Bouge, bouge. STATUE.

Étire une jambe, étire l'autre jambe.

Étire, étire. STATUE.

Tu peux continuer à inventer des paroles à la comptine.

Les couleurs cachées

Savais-tu que les couleurs jaune, orange et rouge sont présentes dans les feuilles même l'été? Durant l'été, ces couleurs sont clo🐾 f🐾 i🐾 cachées par le vert de la <u>chlorophy</u>lle. À l'automne, les feuilles arrêtent de produire la chlorophylle, qui leur donne leur couleur verte. Alors, les couleurs jaune, orange et rouge deviennent visibles.

Une randonnée en forêt

Feuille d'érable, feuille de peupli<u>er</u>, feuille de chêne.

1. a) Est-ce que tu as reconnu certaines de ces feuilles?

_____

_____

b) <u>L</u>es<u>que</u>lles as-tu déjà ramassées? _____

_____

c) Dessine une feuille que tu as déjà ramassée et qui n'est pas illustrée ici. Écris son nom si tu le connais.

2. Colorie les animaux que tu as déjà vus.

hibou　　　　papillon　　　　cerf　　　　couleuvre

Une randonnée en forêt

3.

pic chevelu

suisse

lièvre

raton

_____

a) Parmi ces animaux, lesquels as-tu déjà vus ? _____

La manière caractéristique du raton laveur de manipuler ses aliments a souvent fait croire qu'il lavait sa nourriture. En réalité, c'est probablement sa façon de l'examiner avant de la manger.

b) Peux-tu nomm**er** d'**au**tres espèces d'animaux qui vivent dans la forêt et qui ne sont pas illustrées sur cette page ni sur la

page précédente ? _____

c) Parmi les espèces illustrées à la page précédente, la**qu**elle a 6 pattes ?

d) Colorie les espèces que tu as déjà vues en forêt.

mouche

ver de terre

araignée

fourmi

Une randonnée en forêt

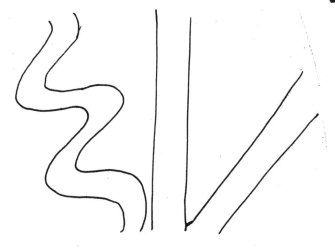

Départ

Aujourd'hui, mes par<u>ents</u> ne travaill<u>ent</u> pas. Ils nous propos<u>ent</u> d'all<u>er</u> en forêt.

Arrivés à destination, nous avons le ch<u>oix</u> entre trois sent<u>iers</u>. Le sent<u>ier</u> de droite s'étend sur 9 kilomètres, celui du centre, sur 5 kilomètres et celui de gauche, sur 11 kilomètres. Papa et maman nous <u>ex</u>pliquent que le sent<u>ier</u> le moins long est très abr<u>upt</u>, que la côte est difficile à monter. Ce serait ass<u>ez</u> fatigant pour nos petites jambes et essoufflant à monter. Nous choi<u>s</u>issons le sentier sinueux, celui de gauche. Nous arrivons à un pal<u>ier</u> d'observation. Le paysage est magnifique à voir au loin.

Une randonnée en forêt

4. As-tu bien lu ? Réponds aux questions.
_on_

a) Quel sentier est le plus long ? _____
_è_

b) Comment est le sentier de gauche ? Sinueux ou abrupt ?

_____

_____

Tu lis de mieux en mieux. Vois-tu comme c'est important de bien comprendre ce que tu lis ? Bravo !

c) Vous avez marché dans le sentier sinueux de 11 kilomètres.
_é_   _é_

Vous avez monté et descendu. Combien de kilomètres avez-vous parcourus ?
_in_

Réponse : _____

d) Si vous aviez pris le sentier du centre, le plus court
_ri_   _our_

(5 kilomètres), combien de kilomètres auriez-vous parcourus ?

Réponse : _____

e) Durant ta randonnée, tu as bu 2 onces d'eau une fois. Une autre fois, 3 onces et une autre fois, 3 onces. Combien d'onces as-tu bues en tout ? _____

Info : 8 onces = 250 ml = 1 tasse

L'heure

1. Écris l'heure de l'avant-midi représentée sur chaque cadran.

a) _____

b) _____

c) _____

d) _____

e) _____

f) _____

2. Dessine les aiguilles.

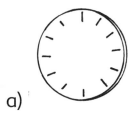

a)

23 : 00

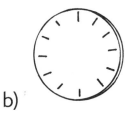

b)

16 : 00

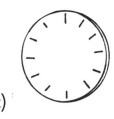

c)

19 : 00

Les nombres ordinaux

kè ✂ ès ✂

1. Lequel des escargots a gagné la course ? Aide-toi en inscrivant les numéros sur les escargots selon l'indice et par déduction.

L'escargot n° 3 est arrivé en 3e position.

L'escargot n° 1 est arrivé après le n° 2.

L'escargot n° 4 est arrivé le dernier.

Qui a gagné ? L'escargot n° _____.

Bravo !

2. Classe les nombres des escargots dans l'ordre croissant.

_____

_____

_____

La lecture en forêt

Les deux petits suisses

Deux petits suisses rencontrent des petits lièvres bruns. Les lièvres jouent à cache-cache derrière des murs de pierres et des buissons. Un petit suisse leur demande : « Pouvons-nous jouer avec vous ? » Ils font connaissance et deviennent des amis. Ils trouvent des glands que d'autres écureuils avaient cachés. Les écureuils en mangent, mais les lièvres n'aiment pas ça. Ces graines-là sont trop dures.

À la fin de la journée, après s'être bien amusés, ils s'endorment jusqu'au lendemain.

C'est impossible!

Ça se peut 😃 ou ça ne se peut pas 🙁 ?

Est-ce que les animaux suivants vivent dans les forêts du Québec ?

Colorie le visage correspondant à ta réponse.

a) un c<u>er</u>f : 😃 🙁   b) une girafe : 😃 🙁

c) un zèbre : 😃 🙁   d) un koala : 😃 🙁

e) un lion : 😃 🙁   f) un renard : 😃 🙁

g) une marmotte : 😃 🙁   h) un hibou : 😃 🙁

i) un ours : 😃 🙁   j) un loup : 😃 🙁

k) un éléphant : 😃 🙁   l) un lièvre : 😃 🙁

Les fourmis

Pourquoi les fourmis sont-elles si fortes ?

La fourmi p<u>eu</u>t soulev<u>er</u> 50 fois son poids, tandis que l'être humain ne peut même pas soulever 18 fois son poids. Le corps de la fourmi est inversé par rapp<u>or</u>t au nôtre. Nos muscles sont attachés autour de nos os, mais le c<u>or</u>ps de la fourmi est formé de tubes durs. Elle a un <u>sk</u>elette externe et elle peut bouger ses pattes pour soulever des ob<u>j</u>ets.

Les insectes

1. Replace les images dans l'ordre pour découvrir le cycle de développement du papillon.

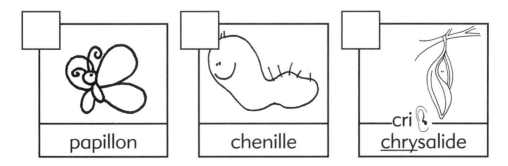

papillon

chenille

cri chrysalide

in

2. Colorie le nombre qui vient juste avant 45.

54   43   46   44

on   sko

3. Compte par 2 sur les pattes de la scolopendre*.

a) 10 ___ ___ 16 ___ 20   b) 30 ___ ___ 36 ___ 40

sko
*Scolopendre est le nom scientifique du mille-pattes.

The numbers

1. Draw a line between the number and the word.

1	ten
2	eight
3	one
4	eleven
5	nine
6	six
7	four
8	three
9	seven
10	two
11	twelve
12	five

2. Which number comes before?

a) _____ nine   b) _____ six   c) _____ twelve

d) _____ five   e) _____ eight   f) _____ eleven

3. Which number comes after?

a) nine _____   b) six _____   c) twelve _____

d) five _____   e) eight _____   f) eleven _____

The colours

Choose the correct colour to colour the balls.

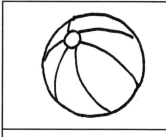

a) pink

b) yellow

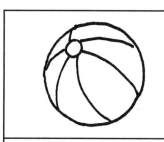

c) red

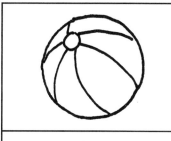

d) blue

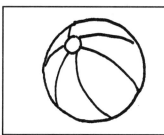

e) green

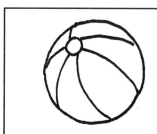

f) white

g) orange

h) brown

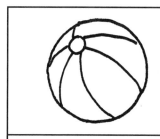

i) purple

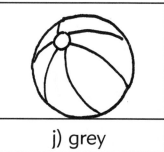

j) grey

k) black

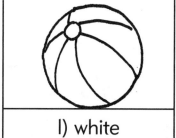

l) white

The Fruits and Vegetables

Write the name of each fruit and vegetable. Use the word bank.

Word bank

apple	banana	broccoli	carrot
cucumber	lettuce	mushroom	orange
potato	raspberry	strawberry	tomato

a)
_____
_____

b)
_____
_____

c)
_____
_____

d)
_____
_____

e)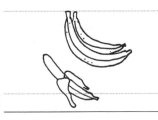
_____
_____

f)
_____
_____

g)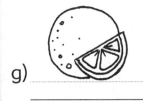
_____
_____

h)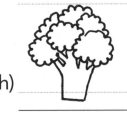
_____
_____

i)
_____
_____

j)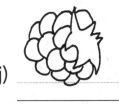
_____
_____

k)
_____
_____

l)
_____
_____

The Human Body

Draw a line between the word and the body part.

head   leg

shoulder   foot

arm      hand

eye   toe

ear

Sing

Head and shoulders,

Knees and toes (2)

Head and shoulders

Knees and toes (2)

And eyes and ears

And mouth and nose

Head and shoulders

Knees and toes (2)

Can you sing and touch the body parts at the same time?

The Days and Months

1. Complete the words.

a) Mo __ __ __ __

b) Tu __ __ __ __ __

c) We __ __ __ __ __ __ __

d) Th __ __ __ __ __ __

e) Fr __ __ __ __

f) Sa __ __ __ __ __ __

g) Su __ __ __ __

2. Look at the letters on the flowers. Can you put the letters in the correct order to discover the months ?

a) emSptereb

b) pilAr

c) aynrJua

d) utgAus

e) oNmverbe

f) ctbOore

g) ebFryuar

h) aMy

i) aMhrc

j) uJen

k) meDcerbe

l) yulJ

The Classroom

Match each word with the right picture. Draw a line.

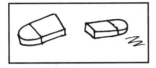   sharpener

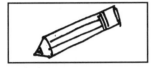   ruler

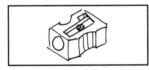   black board

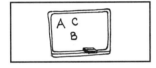   pencil

   pencil case

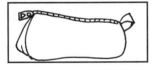   desk

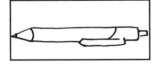   pen

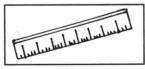   eraser

   book

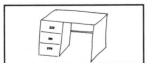   paper basket

The Transportation

Match each word with the right picture. Draw a line.

ambulance

car

train

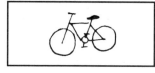

bus

plane

helicopter

truck

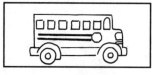

bicycle

boat

The Animals

Write the name of each animal. Use the word bank.

Word bank

goat	horse	cat	squirrel
dog	duck	racoon	hen
sheep	pig	deer	cow

a)

b)

c)

d)

e)

f)

g)

h)

i)

j)

k)

l)

The Boxes

Complete the sentences. Choose *on, in, under, right* or *left*.

a)
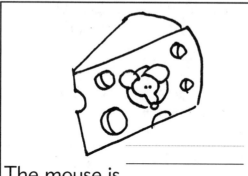

The mouse is _____ the cheese.

b)

The mouse is _____ the cheese.

c)

The mouse is _____ the cheese.

d)

The mouse is _____ to the cheese.

e)

The mouse is _____ to the cheese.

The Hidden Word

Find these words in the puzzle.

BLUE	GREEN	TEN
BROWN	RECTANGLE	THREE
CIRCLE	RED	TRIANGLE
EIGHT	SQUARE	TWO
FOUR	STAR	YELLOW

C	E	R	C	L	K	N	E	Y	E	S	Q	U	A	R	E	T	O
T	T	L	X	T	B	L	U	E	Y	G	R	E	D	S	T	G	G
C	E	R	E	C	T	A	N	G	L	E	L	N	W	O	R	B	R
I	N	Q	S	X	R	G	F	A	C	E	L	G	E	O	U	G	E
R	T	R	I	A	N	G	L	E	X	R	O	N	I	E	O	P	E
C	W	O	L	L	E	Y	T	H	R	E	E	I	G	Z	F	S	N
L	O	E	I	G	H	T	R	A	T	S	T	H	R	E	A	D	T
E	N	A	P	F	A	T	F	U	N	S	P	E	A	K	W	H	A

The Personal Information

Read the text and answer the questions.

My name is <u>Brenda</u>. My telephone number is <u>514 555–2348</u>.
My address is <u>859 Maple Street</u>. My postal code is G2Y 1F8

Write

a) Her name is _____.

b) Her telephone number is _____.

c) Her address is _____.

_____.

d) Her postal code is _____.

Draw or glue a
picture of you.

I can say my telephone number in English.
I can say my address and my postal code in English.

My best friend's name is _____.

(Her/His) telephone number is _____.

(Her/His) address is _____.

_____.

Draw or glue a
picture of your
best friend.

(Her/His) postal code is _____.

The Clothing

Look at the images and write *true* or *false*.

a) The boy is wearing a shirt.

b) The boy is wearing a hat.

c) The boy is wearing a dress.

d) He is wearing pants.

e) He is wearing shoes.

f) The girl is wearing a shirt.

g) The girl is wearing a dress.

h) The girl is wearing socks.

i) She is wearing shoes.

j) She is wearing pants.

Fishing

Help Tommy fish for singular words and plural words.

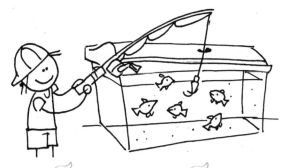

boy	girls	brothers	pencil
number	brush	dogs	babies
students	teacher	school	desks

Write

Singular Words	Plural Words
....	....
_____	_____
_____	_____
_____	_____
_____	_____
_____	_____
_____	_____
_____	_____
_____	_____
_____	_____
_____	_____

Un peu de musique

Savais-tu qu'on peut faire de la musique avec des verres d'eau ? Voici comment faire un concert à ta famille et à tes amis !

Matériel :

– 8 verres en vitre identiques
– 1 baguette
– De l'eau

Consignes :

1. Mets les verres en ligne sur une table.

2. Remplis-les d'eau. Le premier doit être presque plein et le dernier, presque vide. La quantité d'eau de chaque verre doit diminuer du premier au dernier.

3. Avec ta baguette, tape sur le contour de chaque verre. Que remarques-tu ? Ils font tous un son différent !

Variante :

1. Refais les étapes 1 et 2.

2. Mouille ton doigt. Passe-le sur le contour de chaque verre. Remarques-tu le même résultat ?

Les cinq doigts de la main

Savais-tu que chaque doigt de la main porte un nom?

1. Le pouce : C'est celui qui sert à tenir les objets.

2. L'index : C'est celui qui sert à pointer.

3. Le majeur : C'est le plus long.

4. L'annulaire : C'est celui qui porte l'anneau de mariage.

5. L'auriculaire : C'est avec lui qu'on se gratte l'oreille.

Inscris le nom de chaque doigt au-dessus de la main ci-dessous.

Du coloriage !

Amuse-toi à colorier cette image.

Au centre commercial

Pour chaque achat, dis si tu paierais avec des sous ou avec des billets. Si l'achat ne coûte pas cher, encercle les sous. Si l'achat vaut cher, encercle les billets.

a)

b)

c)

d)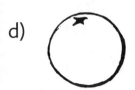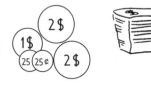

e)

f)

Fabrique ton propre beurre

Matériel :

- ½ tasse de crème 35 %
- 1 petit pot de verre transparent avec un couvercle hermétique, bien lavé.

1. Verse la crème dans ton pot. Remplis-le jusqu'à la moitié ou un peu plus.

2. Pose le couvercle sur ton pot. Il doit être bien fermé pour éviter les fuites !

3. Commence à secouer ton pot. Tu peux sauter sur place ou le secouer avec tes bras… Toutes les techniques sont bonnes !

4. Secoue ton pot environ 10 minutes, jusqu'à ce que le beurre se forme. Si tu es fatigué, demande à un ami ou à un adulte de prendre le relais.

5. Prends une collation pour déguster ton beurre. Par exemple, étends-le sur du pain grillé, sur un bagel, etc. Miam ! Miam !

Variante :

Refais l'expérience avec de la crème 15 % et avec du lait 3,25 %. Que se passe-t-il ? Il faut secouer beaucoup plus longtemps ! Pourquoi ? C'est parce qu'il y a moins de gras !

Les animaux

a) Complète les phrases en disant quel cri fait chaque animal. Utilise les mots dans l'encadré.

grogne	bêle	hennit	caquète	miaule	jappe

1. Le chat _____ .

2. La chèvre _____ .

3. La poule _____ .

4. Le cheval _____ .

5. Le chien _____ .

6. Le cochon _____ .

b) Maintenant, donne le nom du bébé de chaque animal. Utilise les mots dans l'encadré.

chiot	porcelet	poulain	chaton	poussin	chevreau

1. Le chat _____ .

2. La chèvre _____ .

3. La poule _____ .

4. Le cheval _____ .

5. Le chien _____ .

6. Le cochon _____ .

Clarisse la coccinelle

Clarisse la coccinelle se sent seule. Son ami Gaston le bourdon joue avec Cannelle la sauterelle depuis ce matin. Clarisse commence à s'ennuyer… Elle décide de s'aventurer dans le pré pour se divertir.

Clarisse décolle et s'avance vers un gros tournesol. Il ressemble au Soleil. Clarisse se pose sur le tournesol. Le vent caresse son visage. Elle se repose. Tout à coup, elle entend un son. BZZzzzziiiiii ! Clarisse sursaute. La peureuse se cache derrière un pétale.

Le son se rapproche. Clarisse a si peur qu'elle entend son cœur jusque dans ses oreilles. Soudain, Clarisse aperçoit Gaston le bourdon ! Soulagée, elle sort de derrière son pétale.

— Ohé ! Clarisse ! crie Gaston, suivi de Cannelle la sauterelle.

— Ohé ! Gaston ! crie Clarisse.

— Et si on jouait tous ensemble ? propose Gaston.

Clarisse est heureuse. Elle a retrouvé Gaston et s'est fait une nouvelle amie : Cannelle la sauterelle !

Clarisse la coccinelle en questions

1. Dans l'histoire de Clarisse la coccinelle, tu as lu des mots avec la lettre s. Parfois, le s faisait le son «s». Parfois, il faisait le son «z». Trouve et écris les mots de l'histoire qui faisaient le son «s» et ceux qui faisaient le son «z».

Exemples : Son «s»   Son «z»

               sorcier   oiseau

               saucisse   ciseau

               casser   berceuse

Son «s» : _____

_____

_____

_____

Son «z» : _____

_____

_____

_____

2. Est-ce qu'une autre lettre peut faire le son «s»? Laquelle? Trouve au moins deux mots de l'histoire qui la contiennent.

a) Lettre : _____

b) 1er mot : _____   2e mot : _____

Clarisse la coccinelle en questions : suite

3. Parfois, la lettre c correspond au son « k ». Trouve et écris les mots de l'histoire avec un c qui faisait le son « k ».

Exemples : calendrier   correction   crime

Son « k » : _____

_____

_____

_____

4. Donne les trois noms propres de l'histoire.

a) _____

b) _____

c) _____

5. Que remarques-tu dans le cas de la coccinelle ? Et dans le cas du bourdon et de la sauterelle ?

a) Coccinelle : _____

b) Bourdon et sauterelle : _____

Clarisse la coccinelle en questions : suite

6. Relis l'histoire et note les émotions de Clarisse du début à la fin.

a) _____   c) _____

b) _____   d) _____

7. Pourquoi Clarisse s'ennuie-t-elle au début de l'histoire ?

_____

_____

8. Pourquoi Clarisse est-elle heureuse à la fin de l'histoire ?

_____

_____

9. Selon toi, quelle leçon peut-on tirer de l'histoire de Clarisse ?
Discutes-en avec tes parents.

_____

_____

_____

_____

La famille de Sonia

Voici la famille de Sonia. Observe l'image et réponds
aux questions.

1. Combien y a-t-il de personnes dans la famille de Sonia ?

   _____

   _____

   _____

2. Combien Sonia a-t-elle d'enfants ?

   _____

   _____

   _____

3. Combien de filles Sonia a-t-elle ? Et de garçon ?

   _____

   a) filles : _____

   _____

   b) garçon : _____

La famille de Sonia : suite

4. La première fille de Sonia s'appelle Léonie. Elle a les cheveux bouclés. La deuxième fille de Sonia s'appelle Aurélie. Elle a une fleur dans les cheveux. La dernière fille de Sonia s'appelle Laurie. Elle a une queue de cheval. Le fils de Sonia s'appelle Martin.

a) Martin est-il à droite ou à gauche de Laurie ? _____

b) Léonie est-elle à droite ou à gauche d'Aurélie ? _____

c) Aurélie est-elle à droite ou à gauche de Martin ? _____

d) Laurie est-elle à droite ou à gauche de Léonie ? _____

5. Où Sonia se trouve-t-elle ? _____

6. Lequel des enfants de Sonia est le plus grand ? _____

7. Lequel des enfants de Sonia porte une robe ? _____

L'électricité statique

Sais-tu ce qu'est l'électricité statique? C'est une forme d'électricité qui peut faire coller des objets ensemble. Parfois, elle crée aussi des éclairs, comme quand tu attrapes un choc en touchant ton ami! Voici une expérience avec l'électricité statique.

Matériel :

– 1 peigne en plastique
– Des confettis (ou du papier déchiré en petits morceaux)
– Un ballon en caoutchouc

Consignes :

1re partie :

1. Dépose les confettis sur une table en bois.

2. Frotte plusieurs fois le peigne dans tes cheveux.

3. Passe le peigne au-dessus des confettis. Que se passe-t-il?

2e partie :

1. Gonfle ton ballon.

2. Frotte le ballon dans tes cheveux pendant au moins 30 secondes.

3. Approche le ballon près d'un mur et lâche-le. Que se passe-t-il?

Jeux de mots

Résous les jeux de mots suivants.

1. La mère de Corinne a trois enfants. Le premier s'appelle Tic et le deuxième s'appelle Tac. Comment se nomme le troisième enfant?

   _____

   _____

   _____

2. Je commence la nuit et je finis le matin. Je me trouve aussi au bout du jardin. Qui suis-je?

   _____

   _____

   _____

3. Mon premier est la moitié de cache-cache.
   Mon deuxième est la première lettre de l'alphabet.
   Mon troisième est essentiel au poisson.

   Mon tout est un immense mammifère marin.

   Réponse : _____

4. Pour faire des sandwichs, utilise-t-on du pain ou du pin?

   Réponse : _____

Des chiffres et des lettres

1. Écris les chiffres en lettres.

0 : _____   5 : _____

1 : _____   6 : _____

2 : _____   7 : _____

3 : _____   8 : _____

4 : _____   9 : _____

2. Écris maintenant les chiffres en chiffres romains.

0 : _____   5 : _____

1 : _____   6 : _____

2 : _____   7 : _____

3 : _____   8 : _____

4 : _____   9 : _____

3. Dans un code postal, quel est l'ordre des lettres et des chiffres ?

Réponse : _____

Pairs ou impairs?

Trace un gros X sur les ensembles qui contiennent un nombre pair.

a)

b)

c)

d)

e)

f)

g)

h)

Des expressions déformées

Lis les définitions suivantes et encercle la bonne expression.

1. Pleuvoir très fort.

   a) Il pleut des aiguilles.   b) Il pleut des clous.

2. Un mauvais film.

   a) Un navet.   b) Un chou.

3. Passer d'un sujet à l'autre sans qu'il y ait de lien entre les deux.

   a) Passer du coq à l'âne.   b) Passer de l'œuf à la poule.

4. Mentir.

   a) Raconter des bonbons.   b) Raconter des salades.

5. Une petite personne.

   a) Une personne haute comme trois clémentines.

   b) Une personne haute comme trois pommes.

Qu'est-ce qui est le plus lourd?

Qu'est-ce qui est le plus lourd ? L'eau chaude ou l'eau froide ?
Voici une expérience qui répond à cette question !

Matériel :

- 1 grand bol transparent en vitre
- 1 tasse d'eau très chaude (bouillie)
- 1 tasse d'eau très froide (venant du réfrigérateur)
- Quelques gouttes de colorant alimentaire rouge et bleu

Consignes :

1. Mets quelques gouttes de colorant rouge dans l'eau chaude et quelques gouttes de colorant bleu dans l'eau froide.

2. Verse l'eau froide dans le bol.

3. Demande à un adulte de t'aider à verser très doucement l'eau chaude dans le bol, sur l'eau froide.

4. Observe ce qui se passe. L'eau froide reste dans le fond du bol et l'eau chaude, sur le dessus ! L'eau froide est plus lourde que l'eau chaude !

Du coloriage!

Amuse-toi à colorier cette image.

Bravo !

Félicitations, tu as bien travaillé !

Tu mérites amplement ton diplôme.

Ce diplôme est remis à

_____

(Écris ton nom)

qui a terminé avec succès

EN ROUTE
VERS LA 2e ANNÉE

en ce _____ du mois de _____ de l'an _____ .

Félicitations !

Solutions

Page 7

Léon, mouton, savon, melon, poumon, montre, pont, talon, jambon, raconte, non, oncle

Page 8

fanfare, éléphant, enfant, tante, mante, maman, pantalon, élégante, pesant, élan, sangle, vacances

Page 9

vraiment, entendre, lentement, entrer, moment, lendemain, envoyer, tellement, comprendre, lente, rapidement, enfant

Page 10

serin, matin, sapin, pantin, marin, lutin, infini, pin, vin, cousin, jardin, gingembre

Page 11

heureux, deux, peut, creux, heureuse, joyeux, pleuvoir, pneu, amoureuse, causeuse, feu, peureux

Page 12

peau, taupe, hippopotame, couteau, haute, école, sol, bureau, sauce, épaule, héros, manteau

Page 14

Est, soleil, est, bleu, découvrir

Page 15

a) Je te félicite!
b) bonnes vacances
c) nuage   d) soleil
e) ballon   f) sable
g) repos   h) voyage
i) piscine   j) baignade
k) chaleur   l) coquillage

Page 16

nuage, soleil, magnifique, boussole, couvrir

Page 17

1. *voici* et *trilili*, *voilà* et *tralala*, *doré* et *passer*

2.
a) p   b) q   c) d   d) b

Page 18

a) le ballon   b) la chanson
c) la main   d) le chapeau
e) la boussole   f) la journée
g) le cercle   h) le nuage
i) le cahier   j) le crayon
k) le manteau   l) la maison
m) la souris   n) le soleil
o) la mère   p) le père

Page 19

1. craie
   lune
   citron
   cuiller
   Soleil
   tableau
   couteau
   presse-jus
   mélangeur
   fraise

2. a) Le Soleil se lève à l'Est.
   b) La Lune est pleine.
   c) Le ballon roule au sol.
   d) Le citron est un fruit.
   e) La craie est à côté du tableau.

Page 21

1.

Juin

D	L	M	M	J	V	S
					1	2
3	4	5	6	7	8	9
10	11	12	13	14	15	16
17	18	19	20	21	22	23
24	25	26	27	28	29	30

Juillet

D	L	M	M	J	V	S
1	2	3	4	5	6	7
8	9	10	11	12	13	14
15	16	17	18	19	20	21
22	23	24	25	26	27	28
29	30	31				

Août

D	L	M	M	J	V	S
			1	2	3	4
5	6	7	8	9	10	11
12	13	14	15	16	17	18
19	20	21	22	23	24	25
26	27	28	29	30	31	

Septembre

D	L	M	M	J	V	S
						1
2	3	4	5	6	7	8
9	10	11	12	13	14	15
16	17	18	19	20	21	22
23	24	25	26	27	28	29

2. 92 en général

3. Réponse variable

4. a) automne   b) hiver
   c) printemps

Page 22

d) Colorier le premier thermomètre en bleu et le deuxième en rouge.

Page 24

1. 16

2. a)

b) 2   c) oui, 1 tomate   d) 20

Page 25

1. a) 10   b) 10   c) 10   d) 30

2. Réponses variables

3. 8

Page 27

a) 7, 9,10, 12, 15
b) 19, 12, 10, 5, 3
c) 3, 6, 8, 15, 20

Page 28

age 29

a) 3 dizaines, 4 unités
b) 2 dizaines, 5 unités
c) 1 dizaine, 9 unités

Page 30

Légumes : brocoli, carotte, céleri, chou, navet, oignon, poivron, pomme de terre.
Fruits : bleuet, citron, fraise, mangue, orange, poire, pomme.

Page 31

1. a) $3 + 7 = 10$ b) $7 - 1 = 6$
   c) $6 + 3 = 9$ d) $5 - 2 = 3$

2. a) 1, 2, 3, 4, 5, 6, 7, 8, 9, 10, 11, 12, 13, 14, 15, 16, 17, 18, 19, 20, 21, 22, 23, 24, 25, 26, 27, 28, 29, 30, 31, 32

3. Il faut dessiner 7 concombres.

4. a) 10, 12, 14, 16, 18
   b) 11, 13, 15, 17, 19
   c) 2   d) 10   e) 19   f) 41
   g) 6   h) 14   i) 25   j) 51

Page 32

1. poisson

2. a) plage   b) sable   c) lac
   d) roche   e) caillou   f) poisson
   g) serviette   h) soleil
   i) coquillage

Page 33

Page 34

1. a) lance   b) mange   c) ouvre
   d) travaille   e) joue

2. a) faux   b) faux   c) faux
   d) vrai   e) faux

Page 36

a) Ses racines sortent de terre.

b) Non.

c) Elles se nourrissent par les racines.

Page 37

d) Oui

e) Je creuserais et je la remettrais dans la terre avec de l'eau.

    2   3   1   4

Ou : Bizou, partout, Tout, coup, Bonjour, bouche, lourde, Bizou, Bizou.

È : Cet, après, abeille, promène, elle, terre, appelles, abeille, sèche, tête, connais, remède, merveilleux, abeille, aile, miel.

An : penchée, Comment, demande, Attends, instants.

In : revient.

Page 38

a) sous   b) devant
c) gauche   d) lentement
e) déteste   f) blanc
g) intérieur   h) laid
i) fermé   j) plein

Page 39

1. bouteille

   bouchon

   canette

   serviette de papier

   cœur de pomme

   emballage de cellophane

2. a) sandale b) poireau c) balle
   d) fraise

Page 40

a) Le garçon joue à la balle.
b) La fille prend une pomme.
c) Le voilier flotte sur l'eau.
d) Le chat tient une banane.
e) La souris mange du fromage.

Page 42

1. Laurie-Anne, Grand-papa,
   Martin ou Justine mange
   de la pizza.

   Laurie-Anne, Grand-papa,
   Martin ou Justine joue au ballon.

   Laurie-Anne, Grand-papa,
   Martin ou Justine se baigne
   dans la mer.

   Laurie-Anne, Grand-papa,
   Martin ou Justine s'en va
   à la pêche.

Page 43

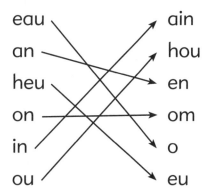

eau — om
an — o
heu — en
on — hou
in — eu
ou — ain

Page 44

a) Le château de gauche

b) 1   c) 6   d) 4   e) 3

Page 45

1. a) sincère   b) brun
   c) troisième   d) saucisse

2. Une pomme

3. a) ☀   b) 🪏   c) ☂

Page 47

a) à droite   b) à gauche   c) oui
c) 1 dizaine par côté   d) 20   e) 5
f) 25

Page 48

1. a) 10 de pique
   b) valet de pique
   c) 3 de carreau

2. a) l'oiseau   b) le verre plein

Page 49

a) gauche   b) droite

Page 50

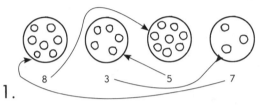

1.

2. a) 16 > 13   b) 32 > 28
   c) 65 < 69   d) 55 < 60
   e) 48 > 38   f) 29 < 39

3. a) 29   b) 3   c) 10   d) 7
   e) 5   f) 15

Page 51

Page 52

1. a) 13 (Laurie-Anne)
   b) 7 (Dorothée)
   c) 15 (Timothy)
   d) 4 (Lambert)

2. 12 – 2 = 10   15 – 3 = 12
   9 + 8 = 17   9 – 6 = 3

a) 12 et 17   b) 12, 10, 3

c) poisson 15 – 3

Page 53

1. À gauche

2.

	A	B	C	D	E
1	■	■			
2		■	■		
3			■		
4			■	■	■
5					

Page 54

1. a) 6 b) 6

2. 8, 10, 11, 13, 15, 20

3.
3 1 5 7 2 4 6

Page 55

Page 57

1. g doux : genoux, gentil.
   g dur : Regardez, regardez.

2. ail : bataille, j'aille, taille.
   eil : abeille, soleil, corbeille.

Page 58

a) Fanny, Alysson, Justin
b) Batcho
c) Justin, Alexandre
d) Le livre est dans l'arbre.
   La pomme est sur la bascule.
   Le soulier est dans l'arbre.
   Le ballon est à côté de la table.

Page 59

a) boule   b) nom

Page 60

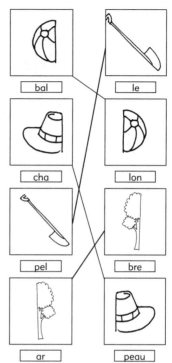

Page 62

a) a, e, i, o, u, y
b) 1. chat 2. chien 3. cheval
   4. poule 5. cochon 6. renard
c) 1. loup 2. ours 3. moufette
   4. lièvre 5. castor 6. couleuvre

Page 63

1. a) Il tire un manteau.
   b) Le chapeau fait une promenade.
   c) Il mange de l'eau.
   d) Zorro mange un château.
   e) L'auto rose vogue sur l'eau.

3. a) <u>cha</u>peau b) <u>sa</u>voureux
   c) <u>ce</u>rise d) <u>gâ</u>teau e) <u>ca</u>deau
   f) <u>é</u>cole g) <u>se</u>maine h) <u>lai</u>ne
   i) <u>pe</u>lle j) <u>ma</u>man k) <u>ple</u>urer
   l) <u>ba</u>lançoire

Page 65

1. a) Papa ou maman
   b) une maman
   c) et un
   d) ont

2. a) midi   b) Je   c) jouer

Page 68

1. a) Fanny est mon amie.
   b) Je suis fatigué.
   c) Lambert a grimpé dans l'arbre.
   d) Mon chien jappe très fort.
   e) Justin mange une pomme.
   f) Chloé lit un livre.

2. a) passé   b) présent c) futur
   d) futur   e) passé   f) futur
   g) présent h) passé

Page 74

1. a) piquant b) doux   c) sucrée
   d) salé   e) rude   f) doux

Page 75

1. a) légumes b) rond   c) lune
   d) céleri

2. a) cube   b) odeur

   c) s'amusaient   d) pois

3. a) feuille   b) citron
   c) citrouille d) étoile

4. Réponses variables

5. J'ai un éléphant dans ma maison.

Page 76

1.

C	R	E	P	E	K	I	W	I	L
C	I	T	R	O	U	I	L	L	E
R	C	H	A	N	T	A	N	T	T
O	C	R	O	I	S	S	A	N	T
F	E	U	I	L	L	E	T		R
O	D	E	U	R	I		E		E

Rôtie

2. a) rêve   b) fève   c) mère
   d) tête   e) légume f) fête
   g) j'étais   h) blé

3. a) g   b) s   c) c

Page 77

1. a) celui de droite
   b) celui de gauche
   c) 3

Page 78

d) des boîtes à lunch

e) un ballon

f) côté droit

g) devant

2. K A J F

Page 79

1. a) Il y a une boîte à lunch pour le moniteur.

b) 7 ans

c) 3 : brocoli, pois et carotte

Page 80

a) 1. Camille aime **le** lait.

2. Cédric mange de **l'**ananas.

3. Chloé et Julien jouent à **la** cachette.

4. Marcel est **le** grand-père de Sophie.

5. Justin lit **l'**invitation à la fête.

b) 1. les 2. l' 3. les 4. la 5. l'

6. le

Page 81

1. $8 - 2 = 6$ $9 - 3 = 6$

$7 - 1 = 6$ $5 + 1 = 6$

$4 + 2 = 6$ $4 + 1 + 1 = 6$

$3 + 3 = 6$ $3 + 2 + 1 = 6$

$3 + 1 + 1 + 1 = 6$ etc.

2. a) le triangle   b) 5   c) 8

d) 6   e) 19

Page 82

1. a) 76   b) 81   c) 50   d) 70

e) 83   f) 56   g) 21   h) 98

i) 101

2. a) 61 en haut ; 16 en bas

b) 21 en haut ; 12 en bas

c) 17 en bas ; 71 en haut

Page 83

1. a) 4 chaussures ou 2 paires

b) 4 personnes

c) 2 enfants

d) à droite

Page 84

2. a) non   b) 2 filles, 3 garçons

Page 85

4. a) 2 sandales jaunes, 4 sandales vertes

b) 4 paires

5. a) 26   b) 79   c) 40   d) 77

e) 60   f) 69   g) 41   h) 35

i) 22

6. 2 adultes

7. a) 4 chaussures

Page 86

8. 23

9. En vert : casque, costume, sandale, serviette

En jaune : déshabille, ciseau, mademoiselle, blouse, maison

Page 88

a) Il faut encercler la pièce de 10 ¢.

b) 20 ¢ c) 5 ¢

Page 91

Chers grands-parents,

Je vous écris pour vous dire merci pour le beau cadeau. Grand-papa, grand-maman, je vous envoie des bisous.

Page 96

a) *Miroir* rime avec *noir*.
b) *Mouton* rime avec *chanson*.
c) *Souris* rime avec *tapis*.
d) *Chapeau* rime avec *ciseau*.
e) *Soir* rime avec *poire*.

2. feu

Page 102

4. a) Celui de gauche
   b) Sinueux
   c) 22 kilomètres
   d) 10 kilomètres
   e) 8 onces

Page 103

1. a) 1 h b) 2 h c) 10 h d) 7 h
   e) 12 h f) 4 h

2. a)

b)

c)

Page 104

1. L'escargot n° 2

2. 1, 5, 9, 13, 16, 19, 25

Page 106

a) oui b) non c) non d) non
e) non f) oui g) oui h) oui
i) oui j) oui k) non l) oui

Page 107

1.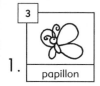

3	1	2
papillon	chenille	chrysalide

2. 44

3. a) 10, 12, 14, 16, 18, 20
   b) 30, 32, 34, 36, 38, 40

Page 108

1. 1 = one   2 = two   3 = three
   4 = four   5 = five   6 = six
   7 = seven 8 = eight 9 = nine
   10 = ten   11 = eleven
   12 = twelve

2. a) eight   b) five   c) eleven
   d) four   e) seven   f) ten

3. a) ten   b) seven   c) thirteen
   d) six   e) nine   f) twelve

Page 109

a) rose b) jaune c) rouge
d) bleu e) vert f) blanc
g) orange h) brun i) violet
j) grey k) noir l) blanc

Page 110

a) cucumber   b) carrot   c) tomato
d) mushroom   e) banana
f) apple   g) orange   h) broccoli
i) potato   j) raspberry   k) lettuce
l) strawberry

Page 111

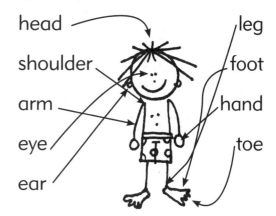

head — leg
shoulder — foot
arm — hand
eye — toe
ear

Page 112

1. a) Monday   b) Tuesday
   c) Wednesday   d) Thursday
   e) Friday   f) Saturday
   g) Sunday

2. a) September   b) April
   c) January   d) August
   e) November   f) October
   g) February   h) May
   i) March   j) June
   k) December   l) July

Page 113

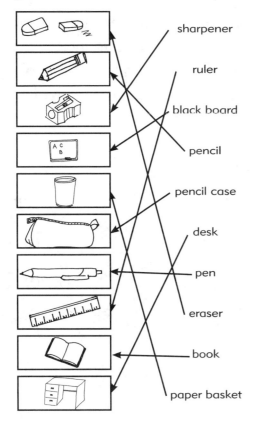

sharpener

ruler

black board

pencil

pencil case

desk

pen

eraser

book

paper basket

Page 114

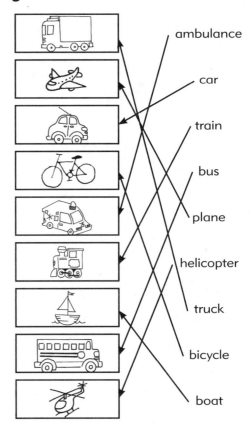

ambulance

car

train

bus

plane

helicopter

truck

bicycle

boat

Page 115

a) cat   b) dog   c) hen

d) sheep   e) horse   f) cow

g) pig   h) goat   i) duck

j) deer   k) racoon   l) squirrel

Page 116

a) The mouse is in the cheese.

b) The mouse is on the cheese.

c) The mouse is under the cheese.

d) The mouse is left to the cheese.

e) The mouse is right to the cheese.

Page 117

```
C E R C L k N E Y E S Q U A R E T O
T T L X T B L U E Y G R E D S T G G
C E R E C T A N G L E L N W O R B R
I N Q S X R G F A C E L G E O U G E
R T R I A N G L E X R O N I E O P E
C W O L L E Y T H R E E I G Z F S N
L O E I G H T R A T S T H R E A D T
E N A P F A T F U N S P E A K W H A
```

Page 118

a) Brenda
b) 514 555–2348
c) 859 Maple Street
d) G2Y 1F8

Page 119

a) false   b) true   c) false
d) true   e) false   f) true
g) false   h) true   i) false
j) false

Page 120

Singular Words : boy, pencil,
number, brush,
teacher, school.

Plural Words: girls, brothers, dogs,
babies, students,
desks.

Page 122

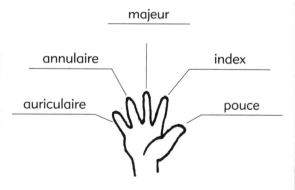

majeur

annulaire

index

auriculaire

pouce

Page 124

a)

b)

c)

d)

e)

f)

Page 126

a) 1. Le chat miaule.

   2. La chèvre bêle.

   3. La poule caquète.

   4. Le cheval hennit.

   5. Le chien jappe.

   6. Le cochon grogne.

b) 1. chaton   4. poulain

   2. chevreau   5. chiot

   3. poussin   6. porcelet

Pages 128

1. Son « s » : Clarisse, se, sent, seule, son, sauterelle, s'ennuyer, s'aventurer, s'avance, tournesol, caresse, son, sursaute, si, ses, soudain, soulagée, sort, suivi, ensemble, s'est.

   Son « z » : pose, repose, peureuse, propose, heureuse.

2. a) La lettre c, b) ce, commence, s'avance, aperçoit.

Pages 129

3. Son « k » : Clarisse, coccinelle, Cannelle, commence, décolle, caresse, coup, cache, cœur.

4. a) Clarisse b) Gaston c) Cannelle

5. a) « Clarisse » et « coccinelle » ont le son « k » en début de mot.

   b) Les noms propres riment avec les noms des insectes.

Pages 130

6. a) solitude (« Clarisse la coccinelle se sent seule. »)

   b) ennui (« Clarisse commence à s'ennuyer… »)

   c) peur (« Clarisse a si peur. »)

   d) bonheur (« Clarisse est heureuse. »)

7. Clarisse s'ennuie parce que Gaston joue avec Cannelle.

8. Clarisse est heureuse parce qu'elle est de nouveau avec des amis.

Pages 131

1. Il y a cinq personnes dans la famille de Sonia.

2. Sonia a quatre enfants.

3. a) Filles : trois
   b) Garçon : un

Pages 132

4. a) À gauche
   b) À gauche
   c) À gauche
   d) À droite

5. Sonia se trouve derrière ses enfants.

6. Martin est le plus grand.

7. Aurélie porte une robe.

Page 134

1. Le troisième enfant s'appelle Corinne.

2. Je suis la lettre « n ».

3. Cachalot.

4. On utilise du pain.

Page 135

1. 0 : zéro ; 1 : un ; 2 : deux ;
   3 : trois ; 4 : quatre ; 5 : cinq ;
   6 : six ; 7 : sept ; 8 : huit ;
   9 : neuf.

2. 0 : Le zéro n'existe pas
   en chiffres romains ;
   1 : I ; 2 : II ; 3 : III ; 4 : IV ;
   5 : V ; 6 : VI ; 7 : VII ; 8 : VIII ;
   9 : IX.

3. Lettre-chiffre-lettre
   chiffre-lettre-chiffre.

Page 136

Un X devrait se trouver sur les ensembles a), e), f) et g).

Page 137

1. b) Il pleut des clous.
2. a) un navet
3. a) Passer du coq à l'âne.
4. b) Raconter des salades.
5. b) Une personne haute comme trois pommes.